第五辑

主编 周小兵

国际汉语
Chinese Language in the World

中山大学出版社
·广州·

版权所有　翻印必究

图书在版编目（CIP）数据

国际汉语. 第五辑/周小兵主编. —— 广州：中山大学出版社，2021.8
ISBN 978－7－306－07274－0

Ⅰ.①国…　Ⅱ.①周…　Ⅲ.①汉语—对外汉语教学—文集　Ⅳ.①H195－53

中国版本图书馆 CIP 数据核字（2021）第 154177 号

出 版 人：	王天琪
策划编辑：	李海东
责任编辑：	李海东
封面设计：	曾　斌
责任校对：	赵　婷
责任技编：	何雅涛
出版发行：	中山大学出版社
电　　话：	编辑部 020－84110283，84113349，84111997，84110779，84110776
	发行部 020－84111998，84111981，84111160
地　　址：	广州市新港西路 135 号
邮　　编：	510275　　　　传　真：020－84036565
网　　址：	http://www.zsup.com.cn　E-mail：zdcbs@ mail.sysu.edu.cn
印 刷 者：	广州市友盛彩印有限公司
规　　格：	787mm×1092mm　1/16　9.5 印张　215 千字
版次印次：	2021 年 8 月第 1 版　2021 年 8 月第 1 次印刷
定　　价：	36.00 元

如发现本书因印装质量影响阅读，请与出版社发行部联系调换。

目　录

汉语二语学习与测试

边界范式在阅读中词汇加工机制研究中的应用
　　…………………………………………蒋思艺　鹿士义　1
语素意识对中级 CSL 学习者词义获得的影响
　　………………………………………………冼慧怡　孙　琳　16
构词法与近义语素的辨别
　　——以"物—品"为例　………………………………谢红华　25
汉语水平分级测试方法对研究结果的影响再探
　　——以汉语水平和元语言意识之间关系为例　………张海威　37

教师发展与培训

国际汉语教师培训的历史回顾与现状分析
　　………………………………丁安琪　陈文景　曲福治　47
南非中小学汉语教师志愿者胜任力调查　…伍秋萍　王香麟　57
越南岘港私立汉语培训机构教师专业发展需求调查
　　………………………………………………阮氏山　刘　弘　67
疫情下对外汉语新手教师和熟手教师线上教师角色
　　认知的对比研究　…………………………………翁菁雨　79

教材研究

The Discourse Authenticity Model（DAM）for Second Language
　　Teaching Materials ……………… SU Danjie（苏丹洁）　　88
对外汉语阅读教材中的篇章技能训练反思
　　………………………………… 朱　勇　刘　栩　冯雪莹　115

教材评介

《中国研习》的研制与开发：探究中国之路 ………… 吴勇毅　125
职业教育"走出去"背景下的"中文＋职业技能"
　　教材探索——《工业汉语·启航篇》的研发 …… 李　炜　130

English Abstracts ……………………………………………… 136

Contents

L2 Chinese Learning and Testing

Applications of Eye Movement Boundary Paradigm in Lexical
 Processing Research .... JIANG Siyi, LU Shiyi   1
The Influence of Morphological Awareness on the Acquisition
 of Lexical Meaning of Intermediate CSL Learners
  .... XIAN Huiyi, SUN Lam   16
Morphology and Differentiation of Synonymous Morphemes:
 Examples of *wù* 物 and *pǐn* 品 .... Grace POIZAT-XIE   25
The Influence of Different Measures of L2 Chinese Proficiency
 on Research Results: Evidence from the Relationship Between
 Chinese Proficiency and Meta-Linguistic Awareness
  .... ZHANG Haiwei   37

Teacher Development and Training

Historical Review and Current Analysis of Training of
 International Chinese Language Teachers
  .... DING Anqi, CHEN Wenjing, QU Fuzhi   47
A Study on the Teacher Competence of Chinese Volunteer
 Teachers in South African Primary and Secondary Schools
  .... WU Qiuping, WANG Xianglin   57

A Survey of Teachers' Professional Development Needs
　　in Private Chinese Training Institutions in Danang, Vietnam
　　　　……………………………… NGUYEN Thi Son, LIU Hong　　67
A Comparative Study of Online Teachers' Role Cognition
　　Between Novice and Experienced Mandarin Teachers in the
　　COVID-19 Pandemic ……………………………… WENG Jingyu　　79

Textbook Research

The Discourse Authenticity Model (DAM) for Second Language
　　Teaching Materials ……………………………… SU Danjie　　88
Chinese Discourse's Reading Ability and Its Training
　　………………………… ZHU Yong, LIU Xu, FENG Xueying　　115

Textbook Review

Compilation and Development of *China Study*: The Way to
　　Explore China ………………………………… WU Yongyi　　125
Exploration on "Chinese + Vocational Skills" Textbooks under
　　the "Going Out" Strategy of Vocational Education
　　—The Development of *Chinese for Industries*: *Sailing*
　　………………………………………………… LI Wei　　130
English Abstracts ……………………………………………　　136

边界范式在阅读中词汇加工机制研究中的应用

蒋思艺 鹿士义

摘　要：眼动边界范式是由 Rayner（1975）为研究阅读过程中副中央凹处的信息对阅读的影响而设计的。近年来，该范式被广泛应用于阅读中词汇加工机制的研究，主要包括阅读中词汇加工的一般机制和复合词及多词单元的加工机制研究。本文从理论基础、实验证据、所涉及的研究问题等方面对相关研究进行综述，并指出在利用边界范式进行词汇加工机制研究时应当注意的事项以及未来研究的发展方向。

关键词：边界范式；词汇加工机制；阅读；复合词；多词单元

1　引　言

1.1　阅读中的词汇加工机制

词汇的表征与加工是心理语言学研究的重点。目前，研究者对表征单元的探讨不断深入，从字（语素）、词之争发展至对多词单元心理现实性的研究，并提出了词汇识别的各种理论模型。在阅读领域，关于词汇识别机制的争论集中体现为词汇的序列和并列加工之争。

阅读是一个复杂的动态加工过程。为了理解句子意思，读者需要移动眼睛来不断提取信息。在每一次注视中，读者不仅能从注视词上获得信息，还能从副中央凹（即视觉中央 2～5 度的区域，此处人类视敏度较低）（朱滢，2014）处获得信息。在一次注视中所能加工的有效信息的范围被称为知觉广度（perceptual span）（Rayner，1998）。

在知觉广度内的词是以序列的方式还是以并列的方式进行加工的，即在一次注视中能否深度加工多个词语，这一问题是阅读中词汇识别模型和眼动控制模型争论的焦点。根据注意梯度指引模型（guidance by attentional gradient, GAG）（如 SWIFT 模型），词汇识别是并列进行的（Schad, Engbert, 2012）；序列注意转换模型（sequential attention shift, SAS）（如 E - Z 读者模型）则认为，当注视点处的词汇加工完成后，注意才会转移到注视点右侧的词 $n+1$ 上，此时 $n+1$ 的词汇加工开始（Reichle, Liversedge, Pollatsek, et al., 2009)。

1.2 边界范式概述

边界范式是由 Rayner（1975）为研究阅读过程中副中央凹处的信息对阅读的影响而设计的。在实验过程中，首先在目标词左侧设置一个隐形的边界。在被试的注视点越过边界前，目标词的位置呈现不同的预视条件（包括和目标词相同的预视、用假词/字符串掩蔽的预视、用其他词替代的预视等）；当读者的注视点越过边界时，预视词变为目标词。由于这一变化发生在眼跳时，读者因而无法注意到上述变化。

近年来，边界范式被广泛应用于探讨阅读中词汇加工的机制。作为一种呈现随眼动变化范式（eye-movement-contigent display-changes paradigm，指根据注视点位置改变屏幕上所呈现的信息）(McConkie, Rayner, 1975)，边界范式不仅可以保证被试处于自然阅读的状态，而且可以帮助研究者获得丰富的副中央凹加工信息。

本文拟对以往采用边界范式探讨词汇加工机制的研究进行梳理，并分析应用边界范式进行该领域研究时需要注意的问题，以及未来研究的发展方向。

2 边界范式在阅读中词汇加工机制研究中的应用

2.1 理论基础与实验证据

在应用边界范式探讨阅读中词汇加工的机制时，研究所采用的实验证据主要为预视效益（preview benefit, PB）和副中央凹－中央凹效应（parafoveal-on-foveal effect, PoF）。

预视效益是指副中央凹预视所提取的信息有利于之后对目标词的加工 (Rayner, 1998)。它体现了眼跳过程中副中央凹信息的整合。整合促进了被置于中央凹处的词的加工，使得有效预视条件（较多的信息得到整合）下目标词的注视时间短于无效预视条件（较少的信息得到整合）下目标词的注视时间 (Risse, Seelig, 2019)。预视效益的大小通常是由无效预视条件（如掩蔽预视、无关预视）下注视目标词的时间减去有效预视条件（如相同预视、相关预视）下注视目标词的时间 (Angele, Rayner, 2013a)。受到一些因素的影响（如中央凹的加工难度），知觉广度的大小会发生变化。预视效益的大小就是知觉广度大小的反映，体现了副中央凹加工的深度和范围。

副中央凹－中央凹效应是指副中央凹信息的特点（如无效预视）影响中央凹信息的加工 (Drieghe, Pollatsek, Juhasz, et al., 2010)，其观察指标为中央凹处的第一遍阅读时间。副中央凹－中央凹词汇特点层面（如语义和形态句法层面）的效应是词汇序列/并列加工争论的核心。在 GAG 模型中，副中央凹词的词汇特点会影响中央凹信息的加工；在 SAS 模型中，由于词汇加工是序列的，所以不存在词汇层面的 PoF。

2.2 阅读中词汇加工的一般认知机制

2.2.1 副中央凹所加工信息的类型

词汇识别的平行/序列之争所包含的一项假设是——副中央凹加工涉及不同

的层面：视觉、正字法和词汇层面（Dare, Shillcock, 2013）。因此，在探讨阅读中的词汇识别模式时，大量研究关注副中央凹处所加工信息的类型。

在运用边界范式探讨副中央凹处能否加工正字法、语音、语义信息时，通常的操作是操控预视词和目标词共享某一特征的程度，通过比较不同共享程度的预视条件下预视效应的大小，考察能否在副中央凹处加工该特征。

具体而言，在探讨副中央凹处能否加工语音信息时，研究主要观察相比其他控制条件，与目标词共享相同音素（如相同的元音音素，Ashby, Treiman, Kessler, et al., 2006；同音异形异义字串，Miellet, Sparrow, 2004；Chace, Rayner, Well, 2005；Leinenger, 2018）的预视是否促进之后目标词的加工。在探讨副中央凹处能否加工正字法信息时，实验的传统手段是在副中央凹处预视呈现一个正字法不合理的非词（orthographically illegal nonword，如 bvlkn），考察其对中央凹注视的干扰（如 Inhoff, Starr, Shindler, 2000；White, Liversedge, 2004）；或通过呈现与目标词正字法相关的预视，考察其带来的预视效益（如 Yan, Richter, Shu, et al., 2009）。近年来，有研究者操控副中央凹预视与中央凹处正字法信息的相关程度，探讨相关预视（如 n+1 预视与 n 完全相同，如 n 为 coat，n+1 的预视为 coat）相比其他预视条件（如 n+1 预视与 n 的正字法无关，n 为 coat，n+1 的预视为 milk）对 n 的加工是否有促进作用（如 Angele, Tran, Rayner, 2013；Dare, Shillcock, 2013）。

副中央凹处是否存在语义加工是探讨阅读中词汇识别机制的关键问题。相关实验的主要思路是通过比较语义相关预视（即预视词与目标词的语义相关）条件与语义无关预视条件下的注视时间，观察语义相关预视是否存在预视效益（如 Yen, Tsai, Tzeng, et al., 2008；Tsai, Kliegl, Yan, 2012；Yan, Zhou, Shu, et al., 2012；Schotter, 2013），以及相关因素是否影响预视效益的大小，包括文本的视觉特点（如首字母大写，Rayner, Schotter, 2014）、语义合理性（Yang, Wang, Tong, et al., 2010）、可预测性（Schotter, Lee, Reiderman, et al., 2015）、预视时间（Yan, Risse, Zhou, et al., 2010）和阅读能力（Veldre, Andrews, 2016a；Veldre, Andrews, 2016b）等。例如，Yan, Zhou, Shu 和 Kliegl（2012）考察中文读者能否在副中央凹处加工词汇水平和亚词汇水平的语义信息。他们将相同预视（费－费）与语义无关预视（笑－费）作为基线水平，并设置两类语义相关预视，包括字的部首语义透明（损－费）和字的部首语义不透明（耗－费）。研究发现，两类语义相关预视的注视时间（包括 FFD、SFD、GD）显著短于语义无关预视条件，而字的部首语义透明预视的 GD 显著短于字的部首语义不透明预视条件。因此，中文读者能够在副中央凹处加工词汇水平和亚词汇水平的语义信息。值得注意的是，部分研究关注不同语言的文本的语义预视加工情况，发现受到语言书写系统的影响，拼音文字和中文阅读中的词汇识别存在不同的正字法、语音、语义识别路径（Yan, et al., 2009）。

在运用边界范式探讨读者能否加工副中央凹处词汇的句法信息时，研究者则多设置句法不合理的预视（如 table-jumps），观察该预视条件下的跳读率和注视时间与一致预视（jumps-jumps）、句法合理预视（waved-jumps）之间是否存在显著差别（Angele，Rayner，2013b；Brothers，Traxler，2016；Snell，Meeter，Grainger，2017；Zang，et al.，2018；Veldre，Andrews，2018）。

2.2.2 注视点右侧词 $n+2$ 的加工

读者能否从注视点右侧第二个词（即词 $n+2$）处获得预视信息是词汇识别序列/并列之争的焦点之一。GAG 模型认为，读者能够从 $n+1$ 和 $n+2$ 上获得预视信息；SAS 模型认为，只有在极少数情况下（如 $n+1$ 被跳读时），读者才能从 $n+2$ 上获得预视信息。

在探讨该问题时，研究最初多操控词 $n+2$ 的预视类型，考察在 $n+2$ 的错误预视条件下是否存在预视效益和 PoF（Rayner，Juhasz，Brown，2007；Kliegl，Risse，Laubrock，2007；Yang，Wang，Xu，et al.，2009；Yan，Kliegl，Shu，et al.，2010；Yang，Rayner，Li，et al.，2012）。Kliegl、Risse 和 Laubrock（2007）操控词 $n+2$ 的预视（正确预视、任意字母序列预视），在 $n+1$ 的注视时间上发现了显著的差异。研究者认为，这是 $n+2$ 的不同预视条件造成的延迟的 PoF。然而，Angele 和 Rayner（2011）指出，$n+1$ 上所观察到的效应很可能是落点偏差导致的。也就是说，$n+1$ 上的落点很可能本来跳过 $n+1$ 而定位在 $n+2$ 上，加工对象是 $n+2$，结果却误落在了 $n+1$ 上。此时，$n+1$ 的注视时间受到 $n+2$ 的影响。该解释支持词汇的序列加工假说。

为了排除落点偏差的影响，部分研究对边界范式进行创新，同时操控 $n+1$ 与 $n+2$ 的预视类型（Angele，et al.，2008；Angele，Rayner，2011）。通过对比 $n+1$ 错误预视条件和 $n+1/n+2$ 错误预视条件下的注视时间，研究者可以准确判断 $n+2$ 的预视加工情况。

此外，有研究以语素位置颠倒为切入点，探讨副中央凹词 $n+2$ 的识别（Angele，Rayner，2013a；Cutter，Drieghe，Liversedge，2017）。例如，Cutter、Drieghe 和 Liversedge（2017）操控边界后两个词的预视类型——相同预视（如 hot pan）、字母位置颠倒预视（如 hop tan）、字母替换预视（如 hob fan）。研究者假设，如果副中央凹处两个词的正字法信息同时投射到（fed into）心理词库中，那么字母颠倒预视下的注视时间将显著短于字母替换预视。然而，结果表明，字母位置颠倒预视条件下的预视效益并不存在。

2.2.3 副中央凹信息加工的时间进程

关于副中央凹语言信息加工的时间进程的探讨使得词汇平行、并列加工的争议越演越烈（马国杰、李兴珊，2012）。根据 SAS 模型，副中央凹信息提取发生在中央凹加工完成之后，因此副中央凹的词在当前注视的晚期开始得到加工；相反，GAG 模型认为，在注视当前词的早期，读者就开始获取副中央凹词的信息。相关研究主要通过操控副中央凹预视呈现的时间进程（即正常预视呈现的时间点），探讨副中央凹语言信息加工究竟发生在当前注视词汇加工的早期还是晚期（Inhoff，Eiter，Radach，2005；Yen，et al.，2009；Reingold，Reichle，Glaholt，et al.，2012）。

例如，Inhoff、Eiter 和 Radach（2005）以 140 ms 作为不同预视呈现的分界点，在实验中呈现四种预视条件：①140 ms 之前为正确预视，140 ms 之后为错误预视（即注视开始时可见）；②140 ms 之前为错误预视，140 ms 之后为正确预视（即注视末尾时可见）；③全程正确预视；④全程错误预视。研究者假设，如果在当前注视的某个时间段预视信息得到加工，那么这一时间段所呈现的错误预视将延长目标词上的注视时间。结果显示，注视开始时可见和注视末尾时可见两种预视条件下均有显著的预视效应。这表明，语言信息的提取并不发生在中央凹注视的最后阶段，中央凹和副中央凹的语言加工存在时间上的重合。

2.3 复合词及多词单元的加工机制

词汇识别研究长期关注一般词串，较少关注语言单元。以复合词为例，不同于一般词串，复合词的内部成分之间联系紧密，其自身具有丰富的词汇特征，且内部成分之间存在多种多样的关系。在某些语言中（如芬兰语、汉语），复合词内部无空格，但在一些语言中（如英语），复合词内部可能存在空格。因此，复合词内语素的加工方式可能比句子中相邻词的加工更加灵活，且语素更有可能平行加工。探讨复合词的第二个成分的预视加工不仅有利于探讨复合词的加工机制，而且能够作为一般词串预视加工的补充，有利于深化对阅读中的词汇识别机制及其调节因素的认识。

就复合词的加工机制研究而言，虽然对于复合词加工机制的研究日益增多，但目前研究范式主要包括词汇判断任务、命名任务和注视时间（Shen，Li，Pollatsek，2016），主要的操作是操控成分/整词的频次，观察频次对复合词加工的影响。运用边界范式考察复合词加工机制，可以更加深入地了解阅读中复合词内部成分的加工情况。

2.3.1 边界位于词内

目前大量关于眼动模型的研究大多关注相邻词加工时的注意分布，因而将边界设置在相邻的词之间。然而，近年来，一些研究开始将边界设置在复合词内第一语素和第二语素之间，操控第二语素的预视类型。

这一部分研究所涉及的具体问题包括复合词内第二个成分的预视加工与相邻词的第二个词的预视加工是否相同、第一语素的识别是否约束（constraint）（Hyönä，Bertram，Pollatsek，2004）、第二语素的识别、读者加工复合词各语素的方式是序列加工还是并列加工等。

研究主要将 PoF 作为实验证据，其实验逻辑在于：如果复合词的加工最初是序列的，那么第二个语素的错误预视不会影响第一个语素的加工；相反，如果读者最初试图整体加工复合词，那么当注视点仍位于第一个语素上时，错误预视将影响第一个语素的加工，产生 PoF。部分研究还将传统的语素频次效应与 PoF 相结合（如 Hyönä，Bertram，Pollatsek，2004；Pollatsek，Hyönä，2005）。同时，研究者利用 PB 考察复合词整体加工的程度——预视效益（即错误预视带来的干扰）越大，则整体加工的程度越高。

Hyönä、Bertram 和 Pollatsek（2004）首次将边界范式应用于复合词加工机制的研究，以考察芬兰语长复合词的序列加工的观点。研究者将边界置于复合词的两个语素之间，同时操控第一个语素的频次（高频和低频）和第二个语素的预视类型（相同预视和非词预视）。研究结果表明：①第一个语素的频率影响复合词的注视时间，但不存在非词预视的PoF效应。也就是说，当注视点位于第一个语素上时，非词预视对注视词加工的影响甚小。这一发现符合复合词的序列加工模式。②频次和预视类型存在交互——第一个语素高频时，预视效益较小；第一个语素低频时，预视效益较大。对于该结果的解释，研究者提出"约束假说"（constraint hypothesis）——当第一个语素低频时，第二个语素所受的约束更大、预测性更高。因此，其加工受到副中央凹信息掩蔽的干扰更大。③凝视时间上的预视效益（101 ms）远远大于边界位于相邻词间的研究的结果（30～40 ms，Rayner，1998）。研究者推测，这可能是由于边界位于"词"（"linguistic word"）中间，因此第一个成分对第二个成分存在约束，相比独立的词，复合词的第二个语素能够较早地、更大程度地吸引注意。这表明，复合词的成分相互影响，其加工方式与一般连续的词串存在区别。

随后，诸多研究对复合词语言单元（linguistic unit）的特性的影响进行了探讨。为了确定Hyönä、Bertram和Pollatsek（2004）所发现的芬兰语长复合词的较大的预视效益是否是由复合词语言单元的特性造成的，Juhasz等（2009）以英语复合词为研究对象，通过操控预视类型（相同预视、非词预视），考察英语有空格复合词、形名短语的预视加工之间的区别。结果表明，就PoF而言，在两者的第一个成分上均不存在显著的PoF。该实验结果支持序列加工模型。就两者预视效益的大小而言，研究发现，有空格复合词第二个语素上的凝视时间的预视效应（31 ms）大于之前研究中的一般词串（-7 ms）。研究者首先推测，这可能是由于有空格复合词是一个语言单元，存贮与心理词库中，因而其上的注意转移较早。然而，实验结果还表明，有空格的英语复合词和形名短语的预视效益之间没有显著差异。据此，研究者否定了语言单元的特性对有空格复合词预视效益的影响。Cui等（2013）以汉语复合词和形名短语为研究对象，探讨字串的语言单元特性对第二个成分的副中央凹加工的影响。研究者发现，复合词与形名短语第二个成分的预视加工情况非常相似。该结果与Juhasz等（2009）的研究结果一致。Cui等通过事后的词切分评定发现，这是因为被试无法对汉语复合词和短语进行清楚的区分。为了严格控制预视字和目标字是否属于同一个语言单元，排除汉语短语和复合词词边界不清晰的干扰，关宜韫等（2019）操控边界在汉语复合词中的位置（边界位于复合词之前、边界位于复合词中间）和预视类型（一致预视、假字预视），探讨词间词呈现（如"|纸盒"）和词内词呈现（如"稿|纸"）的预视效应是否存在差异。研究发现，在首次注视时间、凝视时间以及回视路径时间上，词内词的预视效应均大于词间词的预视效应。因此，语言单元会影响预视效应的加工。

部分研究对于空格对复合词加工机制的影响同样进行了探讨。Juhasz等（2009）指出，Hyona等（2004）所发现的芬兰语长复合词的较大的预视效益可能是由空格引起的——芬兰语复合词中无空格，因而注视点位置距离预视变化的区域较近，受边界变化影响大。据此，Juhasz 等操控预视类型（相同预视、非词预视），考察英语有空格、无空格两类复合词加工机制之间的区别。结果表明，有、无空格复合词的非词预视条件下均不存在 PoF。但是，无空格的英语复合词第二个语素的凝视时间上的预视效益（109 ms）大于有空格的英语复合词（56 ms）。研究者认为，原因之一可能是由于无空格复合词是一个视觉单元（orthographic unit），因而在其上的注意转移的速度较快。Häikiö、Bertram 和 Hyönä（2010）在 Juhasz 等的基础上，进一步探讨芬兰语长复合词和形名短语的预视加工的区别。研究者操控第二个语素的预视类型（相同预视、非词预视）后发现，芬兰语无空格的长复合词的预视效益大于形名短语。研究者指出，空间完整性（spatial unification）会影响注意的分布。但是，研究将空间完整性与语言完整性（linguistic unification）的程度混杂，因而实验结果不能充分证明空格对复合词加工的影响。

此外，部分研究关注复合词的语素结构对其加工机制的影响。Drieghe、Pollatsek、Juhasz 等（2010）发现，英语单语素词的凝视时间上的预视效益（225 ms）大于复合词（123 ms）；单语素词上存在 PoF，但复合词上不存在 PoF。因此，英语复合词的语素结构影响词内注意的分布——单语素词各部分倾向于平行加工，而复合词各成分倾向于序列加工。Cui 等（2013）以汉语单语素词和复合词为研究对象，其研究结果与 Drieghe、Pollatsek、Juhasz 等（2010）的发现相似，即单语素词上存在 PoF，但在复合词上不存在 PoF。研究者认为，语素结构会影响复合词的加工方式。具体来说，当第一个成分表明其属于一个双字的单语素词时，右侧成分的加工会得到触发（license）；相反，对于复合词和短语而言，第一个成分可能能够独立成词，所以第二个成分的加工不会得到准许。为了进一步探讨复合词语素之间的关系对其加工方式的影响，Drieghe 等（2018）以汉语形名复合词和名名复合词为研究对象，操控第一个语素的词性（形容词和名词）和第二个语素的预视类型（相同预视、假字预视）。结果发现，只在第一个语素的凝视时间上存在较小的 PoF，研究结果支持复合词语素分解加工的观点。但同时，相比第一个语素为名词的情况，第一个语素为形容词时预视效益更大。研究者认为，这是由于相对于第一个语素的词性预测该复合词为左偏正词（left-headed compound，即名名复合词）的情况，当第一个语素的词性预测该复合词为右偏正词（right-headed compound，即形名复合词）时，读者将分配更多的资源至第二个语素。

除了以上影响因素外，Pollatsek 和 Hyönä（2005）考察语义透明度对芬兰语复合词中的预视加工的影响，但未发现语义透明度效应。Haikio 等（2010）对芬兰语长复合词的考察发现，芬兰语无空格的长复合词的预视效益大于一般词串。值得注意的是，频次影响复合词的预视加工——在高频复合词上存在 PoF，且高频复合词的预视效益大于低频复合词。实验结果证明了复合词加工的"双通道模型"（dual route model）。具体来说，复合词大于平均水平的 PB 说明，在词汇加工的最初阶段，读者首先会将注意分配至整个复合词。然而，整词表征路径最后的占比受到词频的影响：对于高频复合词而言，注意在整词上停留的时间较长；对于低频复合词而言，整词识别加工失败后，注意会快速分配至成分词。

与以上主要利用 PoF 论证复合词的加工机制的研究不同，Shen、Li 和 Pollatsek（2016）选择以语素义和整词意义的激活为切入点，研究对象为第一个语素具有多种意义的汉语双音节复合词。实验一操控第二个语素的预视类型（相同预视、选择第一个语素主要意义的预视、选择第一个语素次要意义的预视）。研究者假设，如果复合词最初被分解为语素进行加工，此时首字的主要意义将被激活。那么，在选择第一个语素次要意义的预视条件下，预视将提高次要意义的激活水平，因而将给后期意义整合带来困难。研究结果符合这一假设。然而，为了排除整词语义相似度的干扰，实验二在实验一的基础上另外增设两个预视条件（选择第一个语素主要意义且整词与目标词语义相关的预视、选择第一个语素主要意义且整词与目标词语义无关的预视）。实验结果表明，相比选择第一个语素主要意义且整词与目标词语义无关的预视和选择第一个语素次要意义的预视条件，选择第一个语素主要意义且整词与目标词语义相关的预视条件的注视时间更短；相反，选择第一个语素主要意义且整词与目标词语义无关的预视条件和选择第一个语素次要意义的预视条件的注视时间之间无显著差别。这说明，整词水平上意义的激活是造成实验一结果的原因，汉语双音节复合词最初可能是整词通达的。

2.3.2 边界位于词间

目前，研究普遍发现，注视点右侧第一个词（即词 $n+1$）上可以获得预视效益（Schotter, Angele, Rayner, 2012）。然而，注视点右侧第二个词上是否存在预视效益仍存在较大争议。之前的拼音文字的研究发现，当词 $n+1$ 的长度较短（即为3个字母）时，读者能够从词 $n+2$ 处获得预视信息（Kliegl, Risse, Laubrock, 2007; Angele, Rayner, 2011; Radach, Inhoff, Glover, et al., 2013），当 $n+1$ 的长度较长（如为4个字母）时，不存在词 $n+2$ 的预视效益（Angele, Slattery, Yang, et al., 2008）。中文的研究则发现，只有当词 $n+1$ 是高频时，存在 $n+2$ 上的预视加工（Yang, Wang, Xu, et al., 2009; Yan, Kliegl, Shu, et al., 2010; Yang, Rayner, Li, et al., 2012）。

基于以上发现，有研究者提出，知觉广度的大小（即 $n+2$ 上是否存在预视效益）不仅受到视觉因素的限制，还会受到文本语言特征的影响。在此基础上，部分研究试图考察当 $n+1$ 与 $n+2$ 构成一个多词单元时，$n+2$ 上是否存在预视效益，同时，探讨多词单元的加工机制问题。

Cutter、Drieghe 和 Liversedge（2014）探讨当 $n+1$ 长度较长且频次较低，但 $n+1$ 与 $n+2$ 组成一个有空格的复合词时，是否在 $n+2$ 上存在预视效益。研究者将边界置于英语有空格复合词（如 teddy bear）第一个成分之前，操控第一个语素和第二个语素的预视（相同预视、非词预视）。研究发现，当第一个语素是相同预视时，读者能够在第二个语素上获得预视效益。研究者认为，这是由于 $n+1$ 的存在表明 $n+1$ 与 $n+2$ 构成复合词，因而 $n+1$ 的加工触发（licence）了复合词的 direct look-up route 以及 $n+2$ 的预视加工。结果表明，有空格复合词的两个语素被作为一个较大词汇单元中的部分得到加工。Yu 等（2016）探讨在中文阅读中，当 $n+1$ 为低频，但 $n+1$ 与 $n+2$ 构成习语时，$n+2$ 的预视是否得到增强。研究者将三字习语与短语（均包含一个单字词 $n+1$ 和一个双字词 $n+2$）置于边界后，操控 $n+2$ 的预视（相同预视、假词预视）。研究结果部分支持习语作为一个多词单元存储和加工的观点：一方面，习语和短语的预视效益之间并无显著差异，这表明，习语最初在副中央凹处并没有被切分为大的词汇单元；另一方面，习语在中央凹处的加工时间显著短于短语。因此，研究结果支持习语加工的构造假说（configuration hypothesis）和混合模型（hybrid theory），即读者首先单独识别词，在到达一定的激活水平后，习语才会作为整体得到加工。研究者进一步指出，实验结果之所以与 Cutter 等（2014）存在区别，是由于第一个成分包含于一个多词单元的程度不同。在此基础上，Yu 等（2016）认为，多词单元的词汇表征之间存在竞争，该竞争受到第一个成分包含于一个多词单元的程度的影响。

3 总结与展望

利用边界范式进行词汇加工机制的研究与副中央凹加工紧密结合，不仅有利于了解词汇的识别与表征，还可以探讨与副中央凹相关的诸多研究问题，完善对眼动控制模型的认识。本节将指出使用边界范式时应当注意的一些问题，以及未来研究可能的发展方向。

3.1 边界范式使用时应该注意的问题

3.1.1 排除无关层面的预视加工的干扰

一般来说，某一预视呈现所产生的 PoF 或 PB 能够体现某一层面的预视加工。例如，相比语义无关预视，语义相关预视条件具有显著的 PoF 或 PB，这表明，读者在副中央凹处加工了语义信息。

但是，有时某一预视呈现具有的 PoF 或 PB 是多个层面的预视加工共同作用的结果。此时需要增设预视条件，以排除无关层面的预视加工的干扰。

例如，Wang 等（2016）探讨韩语母语者在阅读汉语时对副中央凹语义信息的加工情况。实验设置同源词预视（即预视词与目标词语义相同、语音相似）。为了排除语音预视的干扰，实验又增设语义相关非同源词预视（即预视词与目标词语义相关、语音不同）。研究结果不仅发现了显著的同源词效应，还在语义相关预视下发现了显著的预视效益，证明二语者可以不受语音相似的干扰，加工副中央凹处的语义信息。

3.1.2 排除无关因素的影响

目前，诸多研究（尤其是复合词加工机制研究）未能完全排除无关因素的干扰，因此之后的研究需注意额外变量的控制。

其一，排除可预测性的干扰。研究者认为，复合词第一个语素对第二个语素的加工存在约束。但是，"约束"的概念内涵尚不明确，与"可预测性"难以区分。Hyona 等（2004）指出，约束的影响与可预测性的影响非常相似，且两者显然相关。然而，约束并不等同于可预测性。他们在其实验中发现，复合词第二个语素预视效益远远大于之前的研究所发现的高预测词的预视效益。然而，在大多数情况下，研究者并未将两者进行区分，主要体现为通过操控第二个语素的可预测性探讨约束的作用（如 Cui, Yan, et al., 2013）

其二，探讨语言单元的影响时合理选择对照组。研究在考察复合词语言单元的特性的影响时，所选择的对照组通常是形名短语（Juhasz, et al., 2009; Häikiö, et al., 2010; Cui, Drieghe, et al., 2013）。Juhasz 等（2009）发现，两者的预视效益之间没有显著差异，据此否定语言单元的特性对预视加工的影响。但是，形名短语的句法可预测性可能会增强形名短语的预视效益，因而对实验结果造成干扰（Juhasz, et al., 2009）。Cui、Drieghe 等（2013）也发现，复合词和形名短语第二个成分的预视加工情况非常相似。事后的词切分评定发现，这是因为被试无法对汉语复合词和短语进行清楚的区分。

3.2 增加对高水平信息预视加工的关注

语义等高水平信息的序列/并列加工是词汇识别模式争论的焦点之一。然而，目前研究（尤其是多词单元的加工机制研究）对高水平信息的预视加工关注不足。已有研究表明，语义的预视加工可以帮助进一步揭示词汇识别的路径。

例如，虽然目前大部分研究支持复合词的序列或并列加工方式，但 White、Bertram 和 Hyönä（2008）的研究结果支持复合词加工的竞争模型（race model）。他们以芬兰语长复合词为研究对象，操控预视类型（相同预视、与第二个语素语义相关预视、与第二个语素语义无关预视、非词预视），以考察词内的预视能否加工语义信息，以及成分的词汇/语义特征最初是被分别加工还是整体加工的。研究发现：①复合词第一个成分的早期加工没有受到第二个成分的预视的影响。这表明，至少在最初阶段，第一个成分和第二个成分的词汇加工是分别进行的，这一结论支持复合词的序列词汇加工。②就预视信息的类型而言，读者能够加工到副中央凹处第二个语素的语义信息，但语义效应产生相对较晚，具体表现为在语义相关预视条件下整词的回视路径阅读时间（regression path duration）显著短于语义无关预视条件。这表明，语素序列加工之后存在成分意义整合的阶段。

3.3 多词单元的加工机制的研究

目前大量关于词汇识别与表征的研究关注多词单元的心理表征，其中包括语块（Siyanova, Conklin, Schmitt, 2011; Yi, Lu, Ma, 2017）、韵律词（Yu, Yan, Yan, 2018）和心理词（闫国利 等, 2012）。它们作为表征单元的心理现实性一定程度上都得到了实证研究的支持。

视觉认知领域的研究发现，对于拼音文字的读者来说，知觉广度的范围是注视点左侧三四个字母至注视点右侧十四五个字母（Rayner, 1998）；对于汉语读者而言，知觉广度的范围是注视点左侧一个汉字至注视点右侧两三个汉字（Inhoff，Liu，1998）。利用边界范式探讨拼音文字复合词的加工机制的研究发现，由于知觉广度的限制，词长会影响拼音文字复合词的表征方式（Hyona，et al.，2004），而词长是否会影响汉语复合词的表征方式仍然存疑（Shen，et al.，2016）。值得探讨的问题是，作为长度一般大于复合词的多词单元，其在阅读中的加工机制是否会因其自身长度的制约而倾向于分解加工？作为语义单元/韵律单元的整体性表征是否受到视敏度的影响？

3.4 与其他实验范式相结合

在探讨阅读中的词汇加工机制时，边界范式的研究结果有时与前人采用不同的范式的研究结果不一致。这一分歧可能是由边界范式本身的局限造成的。因此，将边界范式与其他实验范式相结合，一定程度上可以弥补边界范式的局限，有利于研究的深入。

例如，Snell、Vitu 和 Grainger（2017）将旁字母词汇判断范式（flanking letters lexical decision paradigm，FLLD 范式，如 ro rock ck）（Dare，Shillcock，2013）作为边界范式的补充，探讨副中央凹处正字法信息的加工是否发生在词汇层面。Snell 等（2017）指出，相比边界范式，FLLD 范式存在三方面的优势：①独词呈现的注视时间充足，能够保证深层次（即词水平）的信息的整合；②目标词旁的信息较少，因此副中央凹加工程度较深；③两侧的信息距离中央凹较近，减少了视敏度的限制。在其研究中，Snell 等（2017）首先在边界范式实验中发现副中央凹处正字法邻居的促进作用。该结果与前人的词汇判断任务结果相反，否定了正字法词汇层面的加工；随后，他们利用 FLLD 范式，试图充分挖掘词汇层面的信息整合加工（即副中央凹处正字法邻居的阻碍作用）。然而，研究结果仍然表明，目标词加工在词邻居（如 wa barn rn）条件下得到促进，且这种促进没有受到词汇层面的竞争的影响而减弱。由此进一步证明，正字法信息整合发生在亚词汇层面。

Hohenstein、Laubroc 和 Kliegl（2010）将快速启动范式（fast priming paradigm，用于探讨句子阅读中中央凹语义信息提取的时间进程，Sereno，Rayner，1992）与边界范式相结合，创新出副中央凹快速启动（parafoveal fast-priming）范式，用于探讨副中央凹语义预视加工的时间进程。快速启动范式的研究在较短的时间窗口（如 32 ms）下发现了显著的语义启动效应。但是，众多边界范式的研究（尤其是拼音文字中的研究）未发现显著的语义预视效益。这可能是由于传统的边界范式缺乏对启动时间的操控，使得预视在当前注视的所有时间段完全可见。在运用副中央凹快速启动范式时，Hohenstein 等（2010）发现，在对词 n 开始注视的 125 ms，也就是词 $n+1$ 位置呈现启动词 125 ms 时，就可以产生语义预视效益。

参考文献

关宜韬，宋悉妮，郑玉玮，等. 中文词间词和词内词预视加工的差异：词间阴影的作用［J］. 心理学报，

2019（9）.

李兴珊，马国杰. 阅读中的注意分配：序列与平行之争［J］. 心理科学进展，2012（11）.

闫国利，张兰兰，张霞，等. 汉语阅读中的心理词加工［J］. 心理与行为研究，2012（3）.

朱滢. 实验心理学［M］. 3版. 北京：北京大学出版社，2014.

ANGELE B，RAVNER K. Parafoveal processing of word $n + 2$ during reading：do the preceding words matter？［J］. Journal of Experimental Psychology：Human Perception and Performance，2011，37（4）.

ANGELE B，RAVNER K. Eye movements and parafoveal preview of compound words：does morpheme order matter？［J］. Quarterly Journal of Experimental Psychology，2012a，66（3）.

ANGELE B，RAVNER K. Processing "the" in the parafoveal：are articles skipped automatically？［J］Journal of Experimental Psychology：Learning，Memory，and Cognition，2013b，39（2）.

ANGELE B，SLATTERY T J，YANG J M，et al. Parafoveal processing in reading：manipulating $n + 1$ and $n + 2$ previews simultaneously［J］. Visual Cognition，2008，16（6）.

ANGELE B，TRAN R，RAYNER K. Parafoveal-foveal overlap can facilitate ongoing word identification during reading：evidence from eye movements［J］. Journal of Experimental Psychology：Human Perception and Performance，2013，39（2）.

ASHBY J，TREIMAN R，KESSLER B，et al. Vowel processing during silent reading：evidence from eye movements［J］. Journal of Experimental Psychology：Learning，Memory，and Cognition，2006，32（2）.

BROTHERS T，TRAXLER M J. Anticipating syntax during reading：evidence from the boundary change paradigm［J］. Journal of Experimental Psychology：Learning Memory and Cognition，2016，42（12）.

CHACE K H，RAYNER K，WELL A D. Eye movements and phonological parafoveal preview：effects of reading skill［J］. Canadian Journal of Experimental Psychology，2005，59（3）.

CUI L，DRIEGHE D，YAN G，et al. Parafoveal processing across different lexical constituents in Chinese reading［J］. The Quarterly Journal of Experimental Psychology，2013，66（2）.

CUI L，YAN G，BAI X，et al. Processing of compound-word characters in reading Chinese：an eye-movement-contingent display change study［J］. The Quarterly Journal of Experimental Psychology，2013，66（3）.

CUTTER M G，DRIEGHE D，LIVERSEDGE S P. Preview benefit in English spaced compounds［J］. Journal of Experimental Psychology：Learning Memory and Cognition，2014，40（6）.

CUTTER M G，DRIEGHE D，LIVERSEDGE S P. Is orthographic information from multiple parafoveal words processed in parallel：an eye-tracking study［J］. Journal of Experimental Psychology：Human Perception and Performance，2017，43（8）.

DARE N，SHILLCOCK R. Serial and parallel processing in reading：investigating the effects of parafoveal orthographic information on nonisolated word recognition［J］. The Quarterly Journal of Experimental Psychology，2013，66（3）.

DRIEGHE D，CUI L，YAN G，et al. The morphosyntactic structure of compound words influences parafoveal processing in Chinese reading［J］. Quarterly Journal of Experimental Psychology，2018，71（1）.

DRIEGHE D，POLLATSEK A，JUHASE B J，et al. Parafoveal processing during reading is reduced across a morphological boundary［J］. Cognition，2010，116（1）.

HÄIKIÖ T，BERTRAM R，HYÖNÄ J. Development of parafoveal processing within and across words in reading：evidence from the boundary paradigm［J］. Quarterly Journal of Experimental Psychology，2010，63（10）.

HOHENSTEIN S，LAUBROCK J，KLIEGL R. Semantic preview benefit in eye movements during reading：a parafoveal fast-priming study［J］. Journal of Experimental Psychology：Learning，Memory，and Cognition，2010，36（5）.

HYÖNÄ J，BERTRAM R，POLLATSEK A. Are long compound words identified serially via their constituents？Evidence from an eye-movement-contingent display change study［J］. Memory and Cognition, 2004, 32（4）.

INHOFF A W, EITER B M, RADACH R. Time course of linguistic information extraction from consecutive words during eye fixations in reading［J］. Journal of Experimental Psychology：Human Perception and Performance, 2005, 31（5）.

INHOFF A W, LIU W. The perceptual span and oculomotor activity during the reading of Chinese sentences［J］. Journal of Experimental Psychology：Human Perception and Performance, 1998, 24（1）.

INHOFF A W, STARR M, SHINDLER K L. Is the processing of words during eye fixations in reading strictly serial?［J］. Perception and Psychophysics, 2000, 62（7）.

JUHASZ B J, POLLATSEK A, HYONA J, et al. Parafoveal processing within and between words［J］. Quarterly Journal of Experimental Psychology, 2009, 62（7）.

KLIEGL R, RISSE S, LAUBROCK J. Preview benefit and parafoveal-on-foveal effects from word $n+2$［J］. Journal of Experimental Psychology：Human Perception and Performance, 2007, 33（5）.

LEINENGER M. Survival analyses reveal how early phonological processing affects eye movements during reading［J］. Journal of Experimental Psychology：Learning Memory and Cognition, 2018, 45（7）.

MCCONKIE G W, RAYNER K. The span of the effective stimulus during a fixation in reading. Perception and Psychophysics, 1975, 17（6）.

MIELLET S, SPARROW L. Phonological codes are assembled before word fixation：evidence from boundary paradigm in sentence reading［J］. Brain and Language, 2004, 90（1）.

POLLATSEK A, HYÖNÄ J. The role of semantic transparency in the processing of Finnish compound words［J］. Language and Cognitive Processes, 2005, 20（1/2）.

RADACH R, INHOFF A W, GLOVER L, et al. Contextual constraint and $n+2$ preview effects in reading［J］. Quarterly Journal of Experimental Psychology, 2013, 66（3）.

RAYNER K. The perceptual span and peripheral cues in reading［J］. Cognitive Psychology, 1975, 7（1）.

RAYNER K. Eye movements in reading and information processing：20 years of research［J］. Psychological Bulletin, 1998, 124（3）.

RAYNER K, SCHOTTER E R. Semantic preview benefit in reading English：the effect of initial letter capitalization［J］. Journal of Experimental Psychology：Human Perception and Performance, 2014, 40（4）.

RAYNER K, JUHASZ B J, BROWN S J. Do readers obtain preview benefit from word $n+2$? A test of serial attention shift versus distributed lexical processing models of eye movement control in reading［J］. Journal of Experimental Psychology：Human Perception and Performance, 2007, 33（1）.

REICHLE E D, LIVERSEDGE S P, POLLATSEK A, et al. Encoding multiple words simultaneously in reading is implausible［J］. Trends in Cognitive Sciences, 2009, 13（3）.

REINGOLD E M, REICHLE E D, GLAHOLT M G, et al. Direct lexical control of eye movements in reading：evidence from a survival analysis of fixation durations［J］. Cognitive Psychology, 2012, 65（2）.

RISSE S, SEELIG S. Stable preview difficulty effects in reading with an improved variant of the boundary paradigm［J］. Quarterly Journal of Experimental Psychology, 2019, 72（7）.

SCHAD D J, ENGBERT R. The zoom lens of attention：simulating shuffled versus normal text reading using the SWIFT model［J］. Visual Cognition, 2012, 20（4/5）.

SCHOTTER E R. Synonyms provide semantic preview benefit in English. Journal of Memory and Language, 2013, 69（4）.

SCHOTTER E R, ANGELE B, RAYNER K. Parafoveal processing in reading［J］. Attention, Perception, & Psychophysics, 2012, 74（1）.

SCHOTTER E R, LEE M, REIDERMAN M, et al. The effect of contextual constraint on parafoveal processing in reading [J]. Journal of Memory and Language, 2015, 83.

SERENO S C, RAYNER K. Fast priming during eye fixations in reading [J]. Journal of Experimental Psychology: Human Perception and Performance, 1992, 18 (1).

SHEN W, LI X, POLLATSEK A. The processing of Chinese compound words with ambiguous morphemes in sentence context [J]. Quarterly Journal of Experimental Psychology, 2016, 71 (1).

SIYANOVA-CHANTURIA A, CONKLIN K, SCHMITT N. Adding more fuel to the fire: an eye-tracking study of idiom processing by native and non-native speakers [J]. Second Language Research, 2011, 27 (2).

SNELL J, MEETER M, GRAINGER J. Evidence for simultaneous syntactic processing of multiple words during reading [J]. Plos One, 2017, 12 (3).

SNELL J, VITU F, GRAINGER J. Integration of parafoveal orthographic information during foveal word reading: beyond the sub-lexical level? [J]. The Quarterly Journal of Experimental Psychology, 2017, 70 (10).

TSAI J L, KLIEGL R, YAN M. Parafoveal semantic information extraction in traditional Chinese reading [J]. Acta Psychologica, 2012, 141 (1).

VELDRE A, ANDREWS S. Is semantic preview benefit due to relatedness or plausibility? [J]. Journal of Experimental Psychology: Human Perception and Performance, 2016a, 42 (7).

VELDRE A, ANDREWS S. Semantic preview benefit in English: individual differences in the extraction and use of parafoveal semantic information [J]. Journal of Experimental Psychology: Learning Memory and Cognition, 2016b, 42 (6).

VELDRE A, ANDREWS S. Beyond cloze probability: parafoveal processing of semantic and syntactic information during reading [J]. Journal of Memory and Language, 2018, 100.

WANG A, YEON J, ZHOU W, et al. Cross-language parafoveal semantic processing: evidence from Korean-Chinese bilinguals [J]. Psychonomic Bulletin, Review, 2016, 23 (1).

WHITE S J, BERTRAM R, HYÖNÄ J. Semantic processing of previews within compound words [J]. Journal of Experimental Psychology: Learning Memory and Cognition, 2008, 34 (4).

WHITE S, LIVERSEDGE S. Orthographic familiarity influences initial eye fixation positions in reading [J]. European Journal of Cognitive Psychology, 2004, 16 (1−2).

YAN M, KLIEGL R, SHU H, et al. Parafoveal load of word N + 1 modulates preprocessing effectiveness of word N + 2 in Chinese reading [J]. Journal of Experimental Psychology: Human Perception and Performance, 2010, 36 (6).

YAN M, RICHTER E M, SHU H, et al. Readers of Chinese extract semantic information from parafoveal words [J]. Psychonomic Bulletin and Review, 2009, 16 (3).

YAN M, RISSE S, ZHOU X, et al. Preview fixation duration modulates identical and semantic preview benefit in Chinese reading [J]. Reading and Writing, 2012, 25 (5).

YAN M, ZHOU W, SHU H, et al. Lexical and sublexical semantic preview benefits in Chinese reading [J]. Journal of Experimental Psychology: Learning Memory and Cognition, 2012, 38 (4).

YANG J, WANG S, TONG X, et al. Semantic and plausibility effects on preview benefit during eye fixations in Chinese reading [J]. Reading, Writing, 2010, 25 (5).

YANG J, WANG S, XU Y, et al. Do Chinese readers obtain preview benefit from word $n + 2$? Evidence from eye movements [J]. Journal of Experimental Psychology: Human Perception and Performance, 2009, 35 (4).

YANG J, RAYNER K, LI N, et al. Is preview benefit from word $n + 2$ a common effect in reading Chinese? Evidence from eye movements [J]. Reading and Writing, 2012, 25 (5).

YEN M H, RADACH R., TZENG O J, et al. Early parafoveal processing in reading Chinese sentences [J].

Acta Psychologica, 2009, 131 (1).

YEN M H, TSAI J L, TZENG O J L, et al. Eye movements and parafoveal word processing in reading Chinese [J]. Memory, Cognition, 2008, 36 (5).

YI W, LU S, MA G. Frequency, contingency and online processing of multiword sequences: an eye-tracking study [J]. Second Language Research, 2017, 33 (4).

YU L, CUTTER M G, YAN G, et al. Word $n+2$ preview effects in three-character Chinese idioms and phrases. Language [J], Cognition and Neuroscience, 2016, 31 (9).

YU M, YAN G, YAN H. Is the word the basic processing unit in Chinese sentence reading: an eye movement study [J]. Lingua, 2018, 205.

ZANG C, ZHANG M, BAI X, et al. Skipping of the very-high-frequency structural particle de (的) in Chinese reading [J]. Quarterly Journal of Experimental Psychology, 2018, 71 (1).

蒋思艺,北京师范大学心理学部,100091

jsyelena@mail.bnu.edu.cn

鹿士义,北京大学对外汉语教育学院,100871

lushiyi@pku.edu.cn

(责任编辑　洪炜)

语素意识对中级 CSL 学习者词义获得的影响

冼慧怡 孙 琳

摘 要：近年来，语素意识在二语习得领域逐渐引起学者们的关注。在此背景下，笔者邀请葡萄牙米尼奥大学汉语专业二年级和三年级的 40 名学生参与测试，旨在探析语素意识对中级 CSL 学习者词义获得的影响。研究历时两周，采取随堂纸笔测试的方式进行考察，随后进行数据整理、统计与分析。研究结果显示：①随着汉语水平的提高，CSL 学习者的语素意识也逐渐提高；②语素意识和词义获得有着较明显关联，语素意识较强的学习者比语素意识较弱的学习者词义获得正确率高；③语素意识对词义获得的影响在不同结构的词汇中有不同表现；④字形意识在词义获得中也会形成一定干扰。

关键词：语素意识；词义获得；CSL 学习者

语素是语言中最小的语义单位，是词的构建材料。语素意识是对词内在的语素结构的意识以及操纵这种结构的能力，它包括两个方面：区分同形语素的能力和操纵语素、使用语素构词规则的能力。语素意识对词义获得具有重要影响。词义获得是指获得词的概念意义，即词表达的概念内容。

最初，语素意识作为测试汉语母语者阅读障碍、阅读能力的因素进入国内学术界的视野（吴思娜、舒华 等，2004，2005）。近十几年，语素意识的研究被扩展到汉语作为第二语言习得的领域中。徐晓羽（2004）通过四个实验发现 CSL 学习者在初级阶段已经具有了初步的语素意识，随着学习的深入，语素意识不断加强，并且成为他们词义获得的策略之一。陈萍（2005）同样发现非汉字圈的初级学习者已经能利用语素意识推测词义，但词汇的内部结构、同形语素和同音语素会影响学习者正确推知词义。张琦、江新（2015）发现中级水平学生的语素意识和阅读理解能力没有显著关联，但高级水平学生的同形语素意识对阅读理解能力有显著影响。吴思娜（2017）对泰国某大学中文专业三年级和四年级的 145 名学生进行书面测试发现，语素意识对不同水平学生的阅读理解能力作用相对稳定，同时也验证了语素意识有利于留学生推测新词。

根据语素义与词义之间的关系，学者们进行了不同角度的划分。如符淮青（1985）、张江丽（2010）根据词义与语素义关系将合成词划分为五种类型：①语素义直接、完全地表示词义；②语素义直接但部分地表示词义；③语素义间接地表示词义；④表词义的语素有的失落原义；⑤语素义完全不表示词义。高翀（2015）根据语素义使用的频率，将语素义分为常用义与非常用义两类。在此基础上，王意颖、宋贝贝、陈琳（2017）把合成词分为三种类型：①常用义+常用义（如"车轮"）；②常用义+非常用义/非常用义+常用义（如"失明"）；③非常用义+非常用义（如"红火"）。这种方式的分类完全从语素的显义程度进行划分，但是忽略了汉语中语素构词的规则。郭胜春（2004）以《现代汉语词典》中词的理性义释义为标准，从词义与语素义之间的关系角度，将所选合成词分为加合和融合两类。加合型即词义=语素义+语素义，融合型即词义=语素义+语素义+附加成分。这种分类较好地将语素构词结构与语素义二者加以结合。

根据现有文献可以发现，语素意识中，语素构词的结构、语素的显义程度、多义语素都是影响 CSL 学习者词义获得的因素（刘颂浩，2001；郭胜春，2004）。但现有研究也存在一些不足，如极少研究是针对某个特定母语背景的 CSL 进行的，且缺少对 CSL 学习者语素意识发展趋势与规律的相关研究。

本文以非汉语环境的葡萄牙语为母语的中级阶段汉语二语学习者为研究对象，围绕其语素意识对词义获得的影响展开调查，旨在探讨学习者的语素意识与词义获得的相关性并尝试从中找出一些规律，进而为加强词汇教学提出一些建议。

1 研究设计

1.1 问题

本研究拟回答以下几个问题：
（1）不同水平的中级 CSL 学习者的语素意识是否随着语言水平提高而提高？
（2）中级 CSL 学习者中，语素意识较好的学习者是否更容易获得词汇意义？
（3）中级 CSL 学习者对不同结构类型词的词义获得能力分别是怎样的？不同水平的学习者之间有什么样的差别？

1.2 被试

研究对象为葡萄牙米尼奥大学汉语专业学生，其中，二年级学生 23 名，三年级学生 17 名。二年级学生汉语水平达 HSK 三级，三年级学生汉语水平达 HSK 四级。因此我们可以认为所有研究对象的汉语水平都属于中级水平。但在本研究中会将二年级、三年级被试分开讨论。对象的母语背景皆为葡萄牙语，同时在学习日语，基本上都为多外语学习者。

1.3 实验任务

研究设置了两个实验任务，分为四个部分，以下称为 A 部分、B 部分、C 部分和 D 部分。任务一测量语素意识，包含 A、B 两部分；任务二测量词义获得，包含 C、D 部分。以上均为纸笔测试任务。两个测试在两周内分别进行，用时共 70 分钟。测验选择的语素为单音节词汇意义语素，任务一、二的词汇均为新汉语水平考试（HSK）三、四级词汇，是被试没有学习过的双音节词汇。

语素意识实验任务的 A、B 两部分：运用语素构词和区分同形语素。要求被试在 30 分钟内完成。具体内容与形式如下：

运用语素构词（A 部分）：一共 20 小题；给被试呈现两个双音节合成词，要求被试从两个合成词中各选择一个语素，组成一个新的双音节词。如呈现"新鲜""牛奶"两词，正确的解答为"鲜奶"。两个语素之间组合的顺序不作要求。被试所产出的目标词需符合语素构词规则以及语义搭配才算正确。语义搭配是指两个语素是否能在语义上正确搭配（周荐，1991）。衡量语义是否正确搭配的标准如下：①语义上需要合乎情理，即两个语素组合在一起后指称的或表示的事物现象符合逻辑；②表意确切，不能含糊不清；③语义色彩要和谐，不能不相一致。如"认输"是合乎语义搭配的，但没有"认赢"。因为"认"是带有消极意义的，而不能与带有积极意义的"赢"搭配。

区分同形语素（B 部分）：一共 10 小题；给被试呈现一个目标词和两个选项词，要求被试判断目标词中标点的语素在不同的词中意思是否相同。其中一个词中的语素与目标语素意义一致，另一个词中的语素与目标语素的意义不同。要求被试选出与目标语素意义不同的选项。如给被试一个目标词"左手"，标点目标语素为"手"，两个选项词"右手""选手"。被试需要选出"选手"，即为正确。

词义获得实验包括 C、D 两个部分：无语境词语释义与有语境词语释义。要求被试 40 分钟内完成。

无语境词语释义（C 部分）：一共 24 小题；给被试呈现一个目标词，要求被试选择一种自己熟悉的语言对词语进行释义。实验期间不能使用手机以及词典等工具。

有语境词语释义（D 部分）：一共 10 小题；给被试呈现一个句子，要求被试解释句子中的目标词。被试可以选择一种熟悉的语言进行解答，但不能使用手机以及词典等工具。

1.4 测试材料

任务一语素意识测试中的语素均为高频语素，且是被试所学过的语素。

任务二选择测试材料时采用熟字生词的原则。"熟字"即出现的语素是被试所学习过的，语素均在 HSK 三级词汇表中出现，以确保每一个语素都是学习者所熟悉的。"生词"即新组合的目标词是频率较低，被试并未学习过的。根据语素构词结构的不同，无语境词义推测中的目标词，主要分为偏正、动宾、补充、主谓四种结构类型各 6 个。在无语境词义推测中，结合语素义与词义之间的关系，将四个结构类型再细分为加合型和融合型两种。其中，加合型是指：词义＝语素义＋语素义，即可直接从字面来理解词义，如"木船"。融合型是指：词义＝语素义＋语素义＋附加成分，即词义语素义相加的基础上，补充另外的附加成分，如"心疼"。有语境词语释义部分另选 10 个目标词，仍以学习过的语素字、未学习过的词为标准。

1.5 评分方法

A 部分每小题组词正确、合理得 1 分，错误得 0 分，满分 20 分。B 部分每小题选择正确得 1 分，错误得 0 分，满分 10 分。C、D 部分被试能从整体上正确解释词义的得 2 分，部分正确的得 1 分，只能正确解释其中一个构词语素但整体词义解释错误的得 0 分。被试可以选择自己熟悉的语言作答，以确保被试不被其他因素干扰，完整地表达词义。根据卷面上的初始资料，笔者协同一名葡语水准达到 C2 等级[①]、英语达到专八水准以及具有一定翻译经验的中国学生进行翻译。翻译的准则是进行意义的直译，不考虑词义的情感色彩和附带文化含义。如目标词"心疼"——dor de coração，直译为心脏疼痛（指生理上的不适）。词的正确释义以《现代汉语词典》（第六版）为标准，只考察词的概念意义。只要整体上表达与正确的词义相符即为正确，不要求写出与词典一致的释义。

2 实验结果

本次实验面向米尼奥大学汉语专业二年级、三年级在校学生，一共派发试题 40 份，其中二年级 23 份、三年级 17 份。回收有效样本 38 份，其中二年级 21 份、三年级 17 份。

2.1 语素意识实验结果

2.1.1 语素构词意识测试

通过测试 A（语素意识实验），被试（二年级、三年级）语素构词意识正确率情况如表 1 所示。我们可以看出，在语素构词意识测试部分，总体的正确率在 60% 以上。二年级的正确率比三年级的稍低，但差距并不大。

表 1　语素构词意识正确率（$N=38$）

被试	语素构词意识	
	得分	正确率/%
二年级	274	65.2
三年级	241	70.9
合计	515	67.8

注：得分指所有被试在相应测试部分中的累计得分。下同。

2.1.2 区分同形语素意识测试

被试（二年级、三年级）区分同形语素意识正确率情况如表 2 所示。可以看出，在区分同形语素意识测试中，二年级和三年级学习者都有较高的正确率，且两者相差很小。

表 2　区分同形语素意识正确率（$N=38$）

被试	区分同形语素意识	
	得分	正确率/%
二年级	153	72.9
三年级	130	76.5
合计	283	74.5

2.2 词义获得实验结果

本测试部分的目标词分为偏正、动宾、主谓、补充四种结构类型，测量语素意识对不同结构类型的词汇意义获得的情况。其中无语境词义获得部分把四个结构类型更细致地划分为加合与融合两种意义关系。

[①] 葡萄牙语水平测试一共分为 6 个等级（A1、A2、B1、B2、C1、C2），C2 为最高等级。

2.2.1 无语境词义获得测试

被试（二年级、三年级）在无语境下的词义获得正确率情况如表3所示。三年级总体的无语境词义获得正确率比二年级高。其中，偏正-加合型、主谓-加合型、补充-加合型三种结构意义组合类型，三年级与二年级的差异度最大。

表3 无语境词义获得正确率

被试	词语类型	偏正-加合	偏正-融合	动宾-加合	动宾-融合	主谓-加合	主谓-融合	补充-加合	补充-融合	总分
合计	得分	106	98	85	11	89	88	94	81	652
	正确率/%	46.5	43.0	37.3	14.5	39.0	38.6	41.2	53.3	40.9
二年级	得分	30	41	27	5	24	34	24	31	216
	正确率/%	23.8	32.5	21.4	11.9	19.0	27.0	19.0	36.9	24.5
三年级	得分	76	57	58	6	65	54	70	50	436
	正确率/%	74.5	55.9	56.9	17.6	63.7	52.9	68.6	73.5	61.1

除此之外，还可以看出 CSL 学习者对不同结构类型的词汇意义获得能力不同。本研究发现，CSL 学习者对不同结构意义类型词义获得的难度由易到难的顺序如下：补充-融合型，偏正-加合型，偏正-融合型，补充-加合型，主谓-加合型，主谓-融合型，动宾-加合型，动宾-融合型。CSL 学习者对补充结构与偏正结构较为敏感，更容易获得其词义。

2.2.2 有语境词义获得测试

被试（二年级、三年级）在有语境下的词义获得正确率情况如表4所示。三年级总体的有语境词义获得正确率比二年级高。

表4 有语境词义获得正确率

被试	词语类型	偏正	动宾	主谓	补充	总分
合计	得分	73	96	98	70	337
	正确率/%	32.0	42.1	64.5	46.1	44.3
二年级	得分	23	42	44	23	132
	正确率/%	18.3	33.3	52.4	27.4	31.4
三年级	得分	50	54	54	47	205
	正确率/%	49.0	52.9	79.4	69.1	60.3

在有语境的设置中，CSL 学习者对不同结构类型的词汇习得，正确率由高至低的排序为：主谓结构，补充结构，动宾结构，偏正结构。可以看出，在这部分，补充结构类型的词义获得正确率与在无语境词义获得部分一样取得较高

的得分。

2.3 语素意识和词汇获得的相关性

本研究运用 SPSS 统计工具，分析语素构词意识、区分同形语素意识、无语境词义获得、有语境词义获得以及语素意识（语素构词意识与区分同形语素意识）、词义获得（无语境词义获得与有语境词义获得）各部分之间的相关性，以回答研究问题。

表 5 是各部分总分相关分析，A、B、C、D、AB、CD 分别表示语素构词意识、区分同形语素意识、无语境词义获得、有语境词义获得、语素意识（语素构词意识 + 区分同形语素意识）、词义获得（无语境词义获得 + 有语境词义获得）。

表 5 各部分总分相关分析（$N=38$）

	部分名称	A	B	AB	C	D	CD
A	Pearson 相关性	1	-0.084	0.940**	0.336*	0.286	0.332*
	显著性（双侧）		0.617	0.000	0.039	0.082	0.042
B	Pearson 相关性	-0.084	1	0.261	0.337*	0.449**	0.383*
	显著性（双侧）	0.617		0.113	0.039	0.005	0.018
AB	Pearson 相关性	0.940**	0.261	1	0.440**	0.431**	0.453**
	显著性（双侧）	0.000	0.113		0.006	0.007	0.004
C	Pearson 相关性	0.336*	0.337*	0.440**	1	0.840**	0.986**
	显著性（双侧）	0.039	0.039	0.006		0.000	0.000
D	Pearson 相关性	0.286	0.449**	0.431**	0.840**	1	0.918**
	显著性（双侧）	0.082	0.005	0.007	0.000		0.000
CD	Pearson 相关性	0.332*	0.383*	0.453**	0.986**	0.918**	1
	显著性（双侧）	0.042	0.018	0.004	0.000	0.000	

注：** 为在 0.01 水平（双侧）上显著相关，* 为在 0.05 水平（双侧）上显著相关。

根据表 5 可以发现，语素意识（AB）与词义获得（CD）有显著相关关系，$p<0.01$。这说明 CSL 学习者的语素意识大大影响其词义获得的正确率。

语素构词意识（A）与无语境词义获得（C）有显著的相关关系，$p<0.05$；与有语境词义获得（D）的正相关关系为边缘显著，$p<0.1$。这说明语素构词意识影响 CSL 学习者在无语境情况下的词义获得；对有语境的词义获得则影响不明显，我们猜测，这是因为 CSL 学习者在有语境的情况下会选择对语境中的线索有效利用，因而减少对语素意识的运用。

区分同形语素意识（B）与有语境词义获得、无语境词义获得呈显著的正相关关系。这说明区分同形语素意识越好，词义获得正确率越高。与无语境词义获得呈显著的正相关关系，$p<0.05$，说明区分同形语素意识越好，无语境词义获得正确率越高；与有语境词义获得呈显著的正相关关系，$p<0.01$，说明区分同形语素意识越好，有语境词义获得正确率越高。

有语境词义获得与无语境词义获得呈显著的正相关关系，$p < 0.001$。这符合我们的预想，即：在无语境的情况下词义获得正确率越高，则在有语境、可获得更多词义提示线索的情况下，词义获得的正确率也越高。

3 偏误类型分析

3.1 多义语素提取偏误

在语境中确定多义词的确切义项是学生的难点。刘颂浩（2001）的实验也显示，留学生利用语素猜测词义时，同样需要确定多义语素的义项。在本次实验结果中不难发现，多义语素的意义提取是CSL学习者在词义获得中的一个难点。如：

无语境：
说明——聪明地说，明天说
年老——当年的老师
回信——重复相信
眼花——花的中心
有语境：
四周——四个星期

双语心理词库的内容包括双语心理词库的组织模式和发展规律、母语和二语心理词汇的关系及相互影响、二语词汇存储和提取的机制等（戴曼纯，2000）。中级水平的CSL学习者的汉语心理词库并未完全构建，当在提取多义语素的义项时，并不能敏感识别相符的义项，一般会提取先学习的、常用的义项。有研究显示，二语低水平者只能启动歧义词的主要词义，而高水平者能同时启动主要和次要词义（赵晨、董燕萍，2009）。不少合成词也和成语、典故一样，趋于符号化、形式化，不能从字面意思推理其含义，学生在利用语素知识对这样的词进行推测时，往往会误入歧途。如将"如果可以自己设计，你喜欢在房子的四周种什么树？"中的"四周"释义为"四个星期"。

3.2 字形意识干扰偏误

汉字的象形特征和视觉特点在认知语素意义时会造成一定的干扰。本次实验分析发现，被试会有意识地对字形进行分解，并以此作为释义的依据。如：

日落——一种需要阳光的植物。被试在试题上解释：落＝草字头＋三点水，所以是一种植物，并且需要阳光"日"。

减少——小城市。被试把"减"认作"城"，所以会释义为小的城市。

自习——看一眼，瞥一眼，学习的一种。被试提取了"自"里"目"的部分，认为有看的意义，所以释义为看一眼的学习。

伤心——受伤，被刀切。被试提取了"伤"中"力"的部分，又误认为"刀"，所以释义时认为是被刀所伤。

母语背景为拼音文字的被试，在标识符形时容易产生混淆，进而在提取过程中对词义发生误解。可以看出，在词义获得的过程中，字形有时会成为一种干扰。

3.3 受母语负迁移影响偏误

从上述偏误可以看出，在词义获得的语素分解过程中，出现了母语的干扰。如：

问好——好的问题
年老——去年/过去的时间
说明——明天说

年轻——之前的时间/去年

这是受葡萄牙语中词汇使用特定结构的影响，所以被试释义过程中，认为位于后面部分的语素是修饰形容前一个语素的。

3.4 词汇内部结构关系判断偏误

词的内部结构关系会影响学习者的词义获得。复合词结构类型在不同程度上影响学习者猜测词义。如：

笑话——笑着说话
小跑——跑得不远
心事——用心做事情
关心——把心关上
问好——好的问题

许艳华（2014）、刘颂浩（2001）研究发现词汇内部结构对词义的猜测有影响，并且不同结构的词汇对词义推测的结果有不同程度的影响。本研究也进一步验证了上述观点，即词汇内部结构会影响语素推知词义。同时我们还发现，在学习者词汇量有限、语用意识还比较薄弱的情况下，复合词结构关系的影响往往会与多义词的词义理解偏误同时影响词义的获取，如"回信"被理解为"重新相信"。

4 研究结论与教学启示

通过本研究，我们得到以下结论：

首先，中级 CSL 学习者的语素意识随着汉语水平的提高会逐渐变强。从语素意识测试结果可以看出，三年级学生的语素构词意识和区分同形意识较二年级学生强。

其次，语素意识较强的学习者比语素意识较弱的学习者词义获得正确率高。根据测试结果，三年级学生在词义获得部分的正确率比二年级学生高。

再次，语素意识对不同结构的词的词义获得的影响不同。在本研究中，被试者在不同结构类型的词汇习得表现为：①无语境下，结构意义类型词义获得的难度由易到难的顺序为：补充－融合型，偏正－加合型，偏正－融合型，补充－加合型，主谓－加合型，主谓－融合型，动宾－加合型，动宾－融合型；②有语境下，词义获得的正确率由高至低的排序为：主谓结构，补充结构，动宾结构，偏正结构。

最后，非汉字圈学习者在获得一定的汉字知识后，对一些熟悉的独体字和部件产生了视觉上的提取意识；但是由于对汉字的理据性了解不够系统，这种意识容易对词义获得产生负面影响。

基于以上结论，笔者从语素意识与词汇教学两方面，对对外汉语教学提出两点建议：

（1）教师在词汇教学中，从初级水平开始培养学习者的语素意识，培养初级学习者对汉语词汇结构、特点的感知。可尝试让学习者运用语素意识释义偏正结构、补充结构等较容易的词。本研究发现中级学习者已经具有较强的语素意识，并能运用语素意识来理解、分析、推导词汇意义。但同时也发现，有一些因素会影响 CSL 学习者准确获得词义，如母语负迁移、多义语素、字形干扰、词汇内部结构等，这些因素会导致学习者在获得词义时产生偏误。所以，教师在中级阶段的词汇教学中，首先应注意语素意义的提取，将多义语素的意义提取作为重点教学内容，在此基础上，引导学习者建立语素意义网络。其次，需要辅以对主谓结构、动宾结构进行讲解。

因为主谓结构与动宾结构的词汇在意义的理解上较难,让学习者自己通过语素分解获得词义则可能出现失误。最后,培养学习者语素构词规则是十分必要的,这使得学习者在词汇学习上能够做到举一反三,有效率地扩大词汇量,达到事半功倍的效果。

(2)加强汉字教学。本研究发现字形是干扰词义获得的因素之一。在词义提取中,学习者在获得词义时受形近字的干扰,导致词汇意义的错误提取。因此,在教学中,应该有意识地加强学习者对汉字的辨认能力与积累,通过汉字的音、形、义之间的联系,帮助学习者发现汉字规律。这样有助于学习者建立词语的语义网络,从而提高学习效率。

由于实地教学、考察和进行实验研究的时间仓促,本研究尚有很多不足之处。比如,未能将词素意识与构词方式的考察相结合,也未能深入探讨学生的汉字认知能力与语素意识获得之间的内在关系。这将是我们今后继续探讨的方向。

参考文献

陈萍.汉语语素义对留学生词义获得的影响研究[D].广州:暨南大学,2005.
戴曼纯.论第二语言词汇习得研究[J].外语教学与研究,2000,32(2).
符淮青.现代汉语词汇[M].北京:北京大学出版社,1985.
高翀.语义透明度与现代汉语语文词典的收词[J].中国语文,2015(5).
郭胜春.汉语语素义在留学生词义获得中的作用[J].语言教学与研究,2004(6).
刘颂浩.关于在语境中猜测词义的调查[J].汉语学习,2001(1).
王意颖,宋贝贝,陈琳.语素义常用度影响留学生语义透明词习得的实证研究[J].语言文字应用,2017(3).
吴思娜,舒华,王彧.4~6年级小学生发展性阅读障碍的异质性研究[J].心理发展与教育,2004(3).
吴思娜,舒华,刘艳茹.语素意识在儿童汉语阅读中的作用[J].心理与行为研究,2005,3(1).
吴思娜.语素意识在外国学生汉语阅读理解中的作用[J].华文教学与研究,2017(1).
徐晓羽.留学生复合词认知中的语素意识[D].北京:北京语言大学,2004.
许艳华.复合词结构类型对词义猜测的影响[J].语言教学与研究,2014(4).
张江丽.词义与语素义之间的关系对词义猜测的影响[J].语言教学与研究,2010(3).
张琦,江新.中级和高级汉语学习者语素意识与阅读关系的研究[J].华文教学与研究,2015(3).
赵晨,董燕萍.中国英语学习者在句子语境中消解英语词汇歧义的认知模式[J].外语教学与研究,2009,41(3).
周荐.语素逆序的现代汉语复合词[J].思维与智慧,1991(2).

冼慧怡,澳门科技大学国际学院
happynaomi@yeah.net
孙琳,葡萄牙米尼奥大学文学院亚洲学系
slc@ilch.uminho.pt

(责任编辑 张念)

构词法与近义语素的辨别
——以"物—品"为例

谢红华

摘　要：汉语近义词的辨别长期以来受到研究者与教师们的高度重视，因为近义词的数量与运用不仅是汉语作为外语的学习者的语言程度标志之一，而且也是其难点之一。研究表明，词汇量（包括近义词数量）不足与近义词运用偏误高是学习者最大的问题之一。区别近义词的传统方法有很多，不外从语义、语法、语用等多维度来考察其异同。本文尝试从另一个视点，即从近义词中的近义构成语素的构词规律来审视近义词的区别。本文将通过一个实例——近义语素"物—品"，以其双音节家族词为基础，考察语素的构词数量、构词位置、构成词条属性、构成词条内部结构、各义项的构词能力、另一构词语素的特征等不同方面的规律，从中分析两个近义语素所构成的家族词的差别。最后简单谈谈如何把构词法知识应用到汉语作为二语/外语教学的实践中。

关键词：构词法；近义语素；近义词；汉语作为二语/外语教学

不管在母语教学还是外语教学领域，汉语近义词的辨别长期以来都受到研究者与教师们的高度重视，因为所掌握的近义词的数量及其运用不仅是汉语学习者的语言程度的标志之一，而且也是他们的难点之一。近义词研究与近义词教学研究可谓硕果累累，论文、专著很多，同义词/近义词词典也不少[①]。近义词辨别的传统方法多种多样，研究得比较深入。比如，张志毅（1980）从意义、色彩、用法等三个方面的差别来辨析，意义差别包括词义重点、词义轻重、词义虚实、个体集体、范围大小、动作内容、词源不同等角度，色彩差别包括感情色彩、态度色彩、风格色彩、语体色彩、形象色彩等角度，用法差别包括使用对象、使用范围、搭配关系、使用频率、词性差别、语法功能、组合能力、构词能力、构词方法、

---

① 本文沿用汉语作为二语/外语教学界的习惯，使用近义词而不用同义词的概念。因为基于语言的经济性原则，真正的、完全的同义词实际上是不存在的。如果两个词同时共存，就说明它们一定有这样或那样的区别；否则，其中一个会自然而然地消亡。例如电子邮件刚刚出现时，汉语称之为"伊妹儿"，为email一词的音译；出现"电子邮件"的翻译后，它们只共存了很短一段时间，"伊妹儿"从此自动退出历史舞台。另外，不管如何定义同义词，从字面上看，近义词更为准确，范围也更广些（近义词包括同义词）。

变化形式等角度。赵新、李英（2009：10）和赵新、洪炜、张静静（2014：13）的辨析框架也从语义、句法、语用等三个维度来考察其异同。语义维度包括语义重点、语义强度、语义适用、不同义项等四个方面，句法维度包括语法特征、组合分布、句类句型句式等三个方面，语用维度包括风格特点、感情色彩、地方色彩等三个方面。每个方面再设具体的识别因素。可见，辨析的重点基本在语义、句法与语用上。这些成果无疑对近义词的辨别研究与教学起着积极的推动作用。

在汉语作为二语/外语教学领域，学者研究结果凸显的几个现象引起了我们的特别关注：①词汇量不足是学习者最大的问题之一（张和生，2010：36）。作者研究的是在中国的外国留学生的状态，这个问题在非汉语语境的国家和地区要严重得多，因为没有语境，学习者能掌握的词汇非常有限。②近义词误用在词语偏误中占33%以上，证明近义词是学习者的一大难点（罗青松，1997）。不仅近义词运用错误率超过30%，而且大多数误用的近义词属于初学阶段的词（李珠、姜丽萍，2014：169）。③词汇偏误，尤其是易混淆词中很多跟近义词有关，导致共通性易混淆词的首要因素是目的语的近义关系（张博 等，2016：13）。④尽管同素近义词的习得效果比异素近义词稍微好些[①]，但初级水平学习者72%的偏误来自同素的干扰；到了中级阶段，这一比例仍高达64%（洪炜，2011：38）。这说明，除了一些客观原因，如汉语词汇的特点、近义词区别的难度以外，汉语作为二语/外语的词汇教学、近义词的教学有待改进。

本研究是"汉语作为外语教学与习得的构词法研究"专题研究的组成部分之一，尝试从另一个视点即构词法的角度来辨别双音节近义词。我们首先了解两个相关语素的构词规律，建立其详尽的"身份证"，也就是尽可能全面描绘其构词面貌；然后再研究这两个语素近义义项的构词规律，从这些规律中来寻找其异同点。在我们看来，这个方法一举两得：一是可以同时快速扩大相关的词汇量（家族词的数量）；二是不仅可以辨别两个近义词，而且尝试通过近义义项的构词规律来辨别同素近义词系列的异同。

1 语素"物—品"构词面貌

我们将以一对近义语素"物—品"为例，首先分析这两个能产语素的构词总体轨迹，挖掘其构词规律，然后再从中比较其异同。

《现代汉语词典》（第7版）（下称《现汉》）对"物"与"品"的近义义项释义皆为"物品"，对"物品"的释义为"东西（多指日常生活中应用的）"（第1393页），对两个近义语素没有辨别。《汉语8000词词典》对"物"的释义是"东西，事物"（第1234页），"品"是"【尾】指物品"（第908页）。近义词词典针对的都是词，没有收入作

[①] 从是否有共同构成语素的角度，可以把双音节近义词分成两大类：拥有相同语素的是同素近义词，如"食物—食品"；没有共同语素的是异素近义词，如"知道—认识"。

为近义语素的"物—品"①。倒是《现代汉语八百词》收入了"物"与"品",认为"物"是后缀,表示事物的较大类别,构成名词,前面的语素 X 可以是名词、形容词与动词(第 561 页);认为"品"也是后缀,构成名词,前面的语素 X 可以是动词、名词、方位词、形容词(第 430 页)。这里讨论的只是构词格式"X+物"与"X+品"中的"物—品",它们都被处理成后缀,都构成名词,都表示物品义与物品分类义,但没有说明"物—品"之间的区别。②

我们研究的词汇语料主要来源于以下几部常用词典:《现汉》、《现代汉语频率词典》(下称《频率》)、《现代汉语逆序词典》(下称《逆序》)、《新汉语水平考试大纲》1—6 级(下称 HSK)。语素构词规律研究的参数至少包括以下几个方面(谢红华,2019):语素频率(实际上为汉字频率),构词能力排名(是汉字构词能力排名),位置(词首、词尾、首尾,也即前位、后位、两可),语素性质(素类,如名词性、动词性、形容词性等),另一个构词语素的性质,所构词即家族词的词性,家族词的内部结构,语素各个义项及其构词能力,语素义与词义的关系。

1.1 频率、构词能力、位置

汉字③"物"频率排 132 位(《频率》:1391),汉字构词能力排 95 位,能构成 88 个词条,其中双音节词条④ 81 个。其中,作为词首语素的词条(物+Y)为 21 个,作为词尾语素的词条(X+物)为 60 个⑤,分别占双音节总词条的 25.9%与 74.1%。《现汉》(第 1393～1394 页)收"物"家族词双音节词首词条 31 个,《逆序》(921 页)收"物"家族词双音节词尾词条 47 个,共 78 个,"物+Y"词条与"X+物"词条分别占 39.7%与 60.3%。如果综合这三本词典的数据,词首词条占 32.8%,词尾词条占 67.2%。可见,我们基本上可以说语素"物"构词时是首尾语素,但以词尾为主,2/3 位于词尾,1/3 位于词首。

汉字"品"频率排 394 位(《频率》:1394 页),汉字构词能力排 218 位,能构成 56 个词条,其中双音节词条 52 个;其中,作为词首语素的词条(品+Y)为 9 个,作为词尾语素的词条

---

① 查阅的词典有《简明同义词词典》(张志毅,上海辞书出版社 1981 年版)、《1700 对近义词语用法对比》(杨寄洲、贾永芬,北京语言大学出版社 2000 年版)、《商务馆学汉语近义词词典》(赵新、李英,商务印书馆 2009 年版)。

② 关于"物—品"的语法性质,甚至连构词模式"X+物/品"中"物—品"的性质,目前都没有一个统一的说法。《现汉》把它们当作词根处理;《汉语 8000 词词典》认为"X+物"中的"物"是词根,"X+品"中的"品"是后缀;《现代汉语八百词》认为"物—品"多是后缀;吕叔湘(1979:48)认为"物—品"是"类后缀"。我们认为"物—品"基本上是词根;在表示"物品"义的"X+物/品"模式中,"物—品"正在向后缀的方向虚化,可视为"类后缀",因为其语义还没有完全虚化。

③ 本文的研究范畴是构词法,使用语素而不用汉字的概念,尽管在多数情况下两者是重合的。只有在引用前人成果时才会沿用原文的汉字概念。

④ 《频率》统计的词长只分单音节与多音节,没有说明多音节词里双音节词条与双音节以上的多音节词条的数目区别。基于除了单音节,双音节为现代汉语的主要音长形式,还有《频率》标出词间语素数目(也就是三音节词或三音节词以上),我们把《频率》中作为词首语素与词尾语素构成的多音节词数目按双音节词数目处理。

⑤ 还有词间语素 6 个,但本文只研究双音词,所以排除所有词间语素词条,数据统计只计算词首语素词条与词尾语素词条。"品"词条同。

（X+品）为 43 个①，分别占双音节总词条的 17.3% 与 82.7%。《现汉》（第 998 页）收"品"家族词双音节词首词条 31 个，《逆序》（第 629 页）收词尾词条 26 个，分别占双音节总词条的 54.4% 与 45.6%。综合这三本词典的数据，词首词条、词尾词条分别占 35.8% 与 64.2%。可见，"品"构词时是首尾语素，但以词尾为主，2/3 位于词尾，1/3 位于词首。

因此，"物—品"都是首尾语素，但都以词尾构词居多。

1.2 语素性质与家族词词性

"物"为名词性语素，四个义项全部是名词性的。《现汉》中 31 个双音节"物 + Y"词条是：

物产　物故　物耗　物候　物化　物价　物件　物镜　物理　物力　物料　物流　物品　物权　物色　物事　物态　物探　物体　物外　物象　物像　物业　物议　物语　物欲　物证　物质　物种　物主　物资

其中，除了 4 个动词②（物故、物化、物色、物探）以外，其余 27 个都是名词，占 87.1%。《逆序》中 47 个双音节"X + 物"词条是：

宝物　博物　财物　产物　长物　宠物　地物　动物　毒物　读物　发物　废物　废物③　风物　格物　公物　古物　谷物　怪物　货物　景物　静物　刊物　矿物　礼物　器物　人物　生物　失物　实物　食物　事物　饰物　玩物　万物　文物　信物　药物　遗物　异物　尤物　造物　织物　植物　赘物　状物　作物

其中除了 2 个动词（格物、状物）以外，其余 45 个都是名词，占 95.7%。可见，"物"词首词尾总词条中，名词占 92.3%，动词只占 7.7%。可以说，"物"家族词绝大多数是名词。

"品"也是名词性语素。《现汉》中 31 个双音节"品 + Y"词条是：

品尝　品德　品第　品读　品格　品红　品级　品节　品蓝　品类　品绿　品貌　品名　品目　品牌　品评　品色　品赏　品题　品玩　品位　品味　品系　品相　品行　品性　品议　品月　品藻　品质　品种

其中，名词 19 个，占 61.3%；动词 8 个，占 25.8%；形容词 4 个，占 12.9%。《逆序》中 26 个双音节"X + 品"词条是：

补品　产品　成品　出品　疵品　次品　毒品　废品　副品　贡品　供品　极品　精品　商品　上品　食品　物品　下品　小品　赝品　样品　药品　珍品　正品　制品　作品

其中，除了 1 个动词（出品）外，其余 25 个都是名词，占 96.2%。综合起来，"品"总词条中，名词占 77.2%，动词占 15.8%，形容词占 7.0%。可以说，"品"家族词 3/4 是名词，1/4 是谓词；

---

① 词间词条为 2 个。
② 多义词中，只计算第一个义项的词性。下同。
③ 《逆序》（第 921 页）列两个"废物"词条：废物 fèiwù，失去原有实用价值的东西；废物 fèiwu，比喻没有用的东西，用于骂人话。

谓词中，动词比形容词多一倍。

可见，"物—品"都是名词性语素，其家族词大多数也是名词，少部分是谓词。这跟前人的研究结论是一致的："名词性成分与名词性成分组合成名词是现代汉语词法结构里最能滋生新词的格式"（董秀芳，2016：140）。

1.3 家族词内部结构

31个"物+Y"词条中，其内部结构有三类：偏正类22个，主谓类6个，并列类3个，分别占71.0%、19.3%与9.7%；47个"X+物"词条中，内部结构也有三类：偏正类39个，并列类6个，动宾类2个，分别占83.0%、12.8%与4.2%。全部78个"物"家族词内部结构共有四类，其数量与比例为：偏正类61个，占78.2%；并列类9个，占11.5%；主谓类6个，占7.7%；动宾类2个，占2.6%。可见，"物"家族词结构偏正类超过3/4，并列、主谓与动宾三类加起来不足1/4。

31个"品+Y"词条中，内部结构也有三类：偏正类17个，并列类13个，动宾类1个，分别占54.9%、41.9%与3.2%。26个词尾词条中，内部结构也有三类：偏正类24个，占92.3%；并列类与动宾类各1个，各占3.85%。全部57个家族词内部结构共有三类，偏正类41个，占71.9%；并列类14个，占24.6%；动宾类2个，占3.5%。可见，"品"家族词偏正类也占了几乎3/4，并列类与动宾类占1/4。

总而括之，"物—品"家族词内部结构大多数都是偏正类，少部分是并列类、主谓类与动宾类。这也从个例证明了前人大规模的统计结果："在统计出的32346个复合词中，能解释作定中偏正式的词有13915个，约占总数的43%"（周荐，2016：31）。

1.4 语素义项及其构词能力

我们先看看字源。《说文解字》中的"物"解为："万物也。牛为大物；天地之数，起于牵牛，故从牛。勿声。""品"解为："众庶也。从三口。凡品之属皆从品。"可见，"物"的本意是自然万物，"品"则表示很多。

《现汉》（第1393页）列"物"四个义项：①东西，事物；②指自己以外的人或跟自己相对的环境；③内容，实质；④姓。《逆序》（第921页）也列同样的前三个义项。再进一步考察各个义项的构词能力，义项④不构词；义项③也几乎不构词，两部词典所收家族词中没有义项③；义项②只构成三个词（物外、物议、人物）；最能产的是义项①，不管"物"是词首语素还是词尾语素，95%以上的家族词都是义项①。

《现汉》（第1004页）列"品"八个义项：①物品；②等级；③封建时代官吏的级别，共分九品；④种类；⑤品质，品行；⑥辨别好坏，品评；⑦吹奏（管乐器，多指箫）；⑧姓。《逆序》（第629页）列六个义项：①物品；②种类，等级；③品行，品质，操行；④辨认；⑤尝，体味；⑥吹奏，多指箫。如果排除不构词义项，而且合并两部词典中某些相似的义项，再加上一个义项"颜色淡"（两部词典都没有列举这个义项，可是《汉语大辞典》中有①），我们可以把"品"的义项重新排列为：①物品；②种类，等级；③品行，品质，操行；④辨别好坏，品评，尝；⑤颜色淡。考察家族词中"品"的义项，我们发现"品"作为词首语素时，每个义项的构词能力不相上下：5个词是品①，6个是品②，7个是品③，9个是品④，4个是品⑤。而"品"作为词尾语素时，26个词全部是品①。把两者总括起来，仍然是品①构词能力最强，构成31个词，占46.3%，接近一半；品②占10.5%，品③占12.3%，品④占15.8%，品⑤占7%。

可见，两个语素都是其义项①即"物品"义构词能力最强；"物"其他义项基本不构词；"品"其他义项构词能力相当，但远远弱于品①。表1展示了两个语素"物—品"的构词情况。

表1　语素"物—品"构词比较

比较项目	物	品
汉字频率	第132位	第394位
构词能力	第95位	第218位
构成词条	88个	56个
构成双音节词条	81个	52个
词首词条与百分比	21个，25.9%	9个，17.3%
词尾词条与百分比	60个，74.1%	43个，82.7%
语素性质	名词性	名词性
《现汉》收双音节词首词条	31个	31个
名词词条与百分比	27个，87.1%	19个，61.3%
动词词条与百分比	4个，12.9%	8个，25.8%
形容词词条与百分比	—	4个，12.9%
《逆序》收双音节词尾词条	47个	26个
名词词条与百分比	45个，95.7%	25个，96.2%
动词词条与百分比	2个，4.3%	1个，3.8%
家族词语内部结构	偏正61个，78.2%；并列9个，11.5%；主谓6个，7.7%；动宾2个，2.6%	偏正41个，71.9%；并列14个，24.6%；动宾2个，3.5%
《现汉》义项数量	4个	8个
构词能力最强义项	物①，95%	品①，46.3%

---

① http://www.hydcd.com/zidian/hz/5572.htm。

2 近义语素"物—品"构词异同点

语素"物"与"品"在其第一个义项上构成近义语素。既然95%以上的"物"家族词与近于50%的"品"家族词中"物—品"为近义义项,其区别以及其家族词的意义辨别就显得特别重要。下面我们探讨作为近义义项的"物—品"的异同点及其家族词语的异同点。

我们把《现汉》与《逆序》中"物—品"作为近义语素所构成的双音节家族词重新调整,得出"物"词条74个,"品"词条32个:

物+Y:

物产 物故 物耗 物候 物化 物价 物件 物镜 物理 物力 物料 物流 物品 物权 物色 物事 物态 物探 物体 物象 物像 物业 物语 物欲 物证 物质 物种 物主 物资

X+物:

宝物 博物 财物 产物 长物 宠物 地物 动物 毒物 读物 发物 废物 废物 风物 格物 公物 古物 谷物 怪物 货物 景物 静物 刊物 矿物 礼物 器物 生物 失物 实物 食物 事物 饰物 玩物 万物 文物 信物 药物 遗物 异物 尤物 造物 织物 赘物 状物 作物

品+Y:

品名 品目 品牌 品色 品相 品种

X+品:

补品 产品 成品 出品 疵品 次品 毒品 废品 副品 贡品 供品 极品 精品 商品 上品 食品 物品 下品 小品 赝品 样品 药品 珍品 正品 制品 作品

2.1 共同点

联系前面建立的"物—品"的构词特点,考察这两组106个词条,作为近义语素,其共同点主要表现在下面几个方面:

(1) 两个语素都是名词性的。

(2) 两个语素构词时都是首尾语素,但都以居词尾为主:"X+物"词条45个,占词条总数74个的60.8%;"X+品"词条26个,占词条总数32个的81.3%。

(3) 两个近义语素家族词绝大多数是名词:"物"74个家族词条中,68个是名词,占91.9%;"品"32个家族词条中,31个是名词,占96.9%。只有6个"物"词条(4个"物+Y"词条加2个"X+物"词条)与1个"X+品"词条是动词。

(4) 两个语素家族词的内部结构都以偏正式为主:"物"家族词偏正类为58个(20个"物+Y"加38个"X+物"),占家族词语总数的78.4%;"品"家族词偏正类为29个(5个"品+Y"加24个"X+品"),占总数的90.6%。

(5) 另一构词语素X与Y都属于名词性、动词性、形容词性三大类。这三类语素是最能产的,在前人对7753个单字基本语素的统计中,名词性语素占46.7%,动词性语素占31.4%,形容词性语素占12.7%(苑春法、黄昌宁,1998:8)。

(6) 两个语素义"物品、东西"在

构词时都没有变化,原义得到保留。

(7) 总体上,"X+物/品"词条比"物/品+Y"词条常用;后者多为专业性术语。比如 HSK 大纲只收入了"物理、物质、物品、物业、物资"与"品牌、品种",而且都是 HSK 5 与 HSK 6 词汇。

2.2 不同点

近义语素"物—品"的不同点主要表现在以下几个方面:

(1) "物"的构词能力比"品"强一倍多。不仅作为汉字(或语素)是这样(《频率》列举两者的构词能力排名分别为第 95 位与第 218 位),作为近义语素(物①与品①)也是这样,因为"物—品"词条总数的比例是 74∶32。

(2) 义素不同。"物—品"虽然都指"物品、东西",但它们是不一样的东西:"物"一般指大自然原生态的东西,或者东西的原始状态;"品"多指人工制造出来的东西。这是最关键的区别,并影响到其他差别。

(3) X 的语义范畴不同。因为"物—品"的义素不同,构词时对另一个组成语素 X 的义素选择也有所不同。"X+物"中的 X 多是表现自然范畴语义的语素,如"景物"的"景"为自然风景;"X+品"中的 X 则多是表现人工制造范畴语义的语素,如"作品"的"作"指人类创作。

(4) X 与 Y 的性质与比重不同。如果用 N、V、A 分别代表名词性、动词性、形容词性的语素,在 45 个"X+物"词条中,X 为 V 的有 19 个,为 N 的有 16 个,为 A 的有 10 个;在 29 个"物+Y"词条中,Y 为 N 的有 22 个,为 V 的有 7 个。X、Y 两者总括起来,有 38 个 N 的语素,26 个 V 语素,10 个 A 语素。在 26 个"X+品"词条中,X 为 V 和 A 的各有 10 个,为 N 的有 6 个;在 6 个"品+Y"词条中,Y 全部为 N。总括起来,有 12 个 N 语素,10 个 V 语素,10 个 A 语素。

(5) 总体上,"X+品"家族词比"X+物"家族词正式、文雅。例如,"礼物—礼品","礼品"也是礼物,但"礼品"不一定针对特定的人,机构团体赠送的更多被视为"礼品";"礼物"重在心意,"礼品"的价钱则显得比较重要;一些用于商业礼物销售或包装的词语一般用"礼品"组成,如"礼品袋、礼品卡、礼品盒、礼品店、礼品定制"等。

《现代汉语八百词》对作为近义词尾语素的"物—品"的释义为:"物,表示事物的较大类别,有'名+物'、'形+物'、'动+物'三种形式";"品,(1) 动/名+品,表示按原料、性质、用途、制作方式分类的物品,(2) 方位/形/动+品,表示按质量或规格分类的物品"。我们暂不讨论把这两个语素作为后缀处理是否合适。这里虽然没有具体说明两个语素或"后缀"的区别,但按我们的理解,并参考所列词例,"物"可以指一切物品,包括自然的与人造的,如"矿物、衣物";"品"都是经过加工的物品,如"商品、用品"。这跟我们以上第(3)点的分析是一致的。

表 2 展示了"物①—品①"两个近义语素的构词情况。

表 2 近义语素"物①—品①"构词比较

比较项目	物①	品①
总词条	74 个	32 个
词首词条与百分比	29 个,39.2%	6 个,18.8%

续表2

比较项目	物①	品①
词尾词条与百分比	45个，60.8%	26个，81.2%
性质	名词性	名词性
名词词条与百分比	68个，91.9%	31个，96.9%
动词词条	6个	1个
家族词内部结构	偏正58个，78.4%	29个，90.6%
X的性质	动词性19个 名词性16个 形容词性10个	名词性6个 动词性10个 形容词性10个
Y的性质	名词性22个 动词性7个	名词性6个 动词性10个 形容词性10个
XY属性的总和	名词性36个 动词性26个 形容词性10个	名词性12个 动词性10个 形容词性10个
关键义素区别	大自然、原生态	人工制造

2.3 同素近义词

在"物—品"作为近义语素构成的106个词条中，有10组同素词语，其中"物/品+Y"词条4组，"X+物/品"词条6组，列举如下：

物色—品色　物议—品议　物质—品质　物种—品种

产物—产品　毒物—毒品　废物—废品　食物—食品　药物—药品　作物—作品

根据《现汉》的释义，"物/品+Y"词条中，构成近义词的只有"物种—品种"；"X+物/品"词条中，除了"作物—作品"不是近义词外，其他都构成近义关系。共得同素近义词语6组，其中，除了"物种"一词为专业术语外，其他都是常用词。

物种—品种　产物—产品　毒物—毒品　废物—废品　食物—食品　药物—药品

我们分别来看看以上作为近义语素的"物—品"的共同点与不同点是否能真正帮助学习者辨别这6组同素近义词。《现汉》对这些词语的释义如下：

（1）物种—品种："物种"是"生物分类的基本单位，不同物种的生物在生态和形态上具有不同特点"（第1394页）；"品种"指"经过人工选择和培育、具有一定经济价值和共同遗传特点的一群生物体（通常指栽培植物、牲畜、家禽等）"（第998页）。

（2）产物—产品："产物"指"在一定条件下产生的事物；结果"（第143页），"产品"指"生产出来的物品"（第142页）。

（3）毒物—毒品："毒品"是"作为嗜好品用的鸦片、吗啡、海洛因、冰毒等。极易成瘾，危害健康"（第320页）。《现汉》没收"毒物"，但《汉语大辞典》有，定义为"具有毒性的物质"①；"百度百科"也有，定义为"在一定条件下，较小剂量就能够对生物体产生损害作用或使生物体出现异常反应的外源化学物"②。

（4）废物—废品（第380页）："废物"指"失去原有使用价值的东西"，"废品"指"①不合出厂规格的产品；②破的、旧的或失去原有使用价值的物品"。

（5）食物—食品（第1188页）：

---

① http://www.hydcd.com/zidian/hz/14840.htm.
② https://baike.baidu.com/item/毒物/4629162.

"食物"指"可供食用的物质（多指自然生长的）"，"食品"指"用于出售的经过加工制作的食物"。

（6）药物—药品（第1525页）："药物"是"能防治疾病、病虫害等的物品"，"药品"是"药物与化学试剂的统称"。《汉语大辞典》把"药物"定义为"治病的药品，能内服外敷，都称药物"①。

可以看出，区别这6组同素近义词的关键是"物—品"的中心义素："物"可指一切物品（所以包括"品"），但侧重点在自然的、天生的、原始状态的东西；"品"主要指经过人为因素加工的东西。"物种"是大自然生物的分类，"品种"侧重人栽培的植物或饲养的动物的分类。"产物"的"一定条件"最重要的是自然条件，"产品"最重要的要素是"生产"。"毒物"既可指人工化合物（如农药），也可以指天然的动植物、细菌、真菌等生物毒素（如毒蘑菇）；"毒品"所指原来也是大自然生长的东西，但成为消费品的毒品已经经过了某些加工，成了"产品"。"废品"义项②同"废物"，义项①突出人工制造、人为的义素。"食物"指所有吃的东西，而"食品"只指在商店里能买到的食物。能治病的都是"药物"，药店里能买到的是"药品"。

3 汉语作为二语/外语的近义语素教学

20年前，吕文华（2000）就认为"构词法是教学中的一个空白；解决词汇量问题以及提高正确运用词汇能力的办法之一是掌握一定数量的语素和构词法"。近20年后，柯彼德（2017）仍在呼吁"汉语的词法学还没有真正展开的机会，还是一片处女地；词法研究是将来为国际汉语教学开辟新途径的主要因素"。如果在词汇教学中引进语素教学（其实，很多教材与教师已经非常注重构成词语的汉字教学，而这个意义上的汉字跟语素绝大多数情况下是重合的），自然就应该相应地引进近义语素的研究与教学。

我们的构词法研究主要服务于汉语作为二语/外语教学。学生先学"物"，如"动物、礼物"，知道"物"是"东西"的意思；再学"品"，如"商品、食品"，又被告知"品"也是"东西"的意思。那两者之间有何区别？之后的辨析就不可避免。目前的教学一般是一对一对地辨别，比如"礼物—礼品、食物—食品"等，但我们也可以从构词法的角度，通过近义语素的构词规律，来辨别一系列由近义语素构成的家族词语。如果学生通过分析"食物—食品"的不同，掌握了"物—品"的关键区别在于前者是自然的而后者是人工改造过的，以后跟"物—品"相关的近义词的差异都能掌握。

当然，以上近义语素的区别局限在构词法范畴内，跟传统的近义词辨别相比，我们不涉及句法的范畴，也就是说，不涉及近义词的用法。我们针对的问题主要是如何扩大学习者的词汇量，特别是阅读理解时作为"被动知识"的词汇量。至于近义语素构成的近义词的运用，仍然需要设置别的方法来训练与掌握。

---

① http://www.hydcd.com/zidian/hz/3822.htm.

本文通过对"物—品"的分析，探讨了构词法与近义语素辨别的关系。我们首先描述了两个语素的构词整体面貌，然后对两个近义语素（物①与品①）的异同点进行了比较分析。我们发现，"物①—品①"的关键义素可以解释一系列家族同素近义词的不同。可见，找出语素的构词规律，对语素与近义语素的构词面貌有比较全面深入的了解，就可以更准确更有针对性地释义，从根源上分析近义词的同与异，可以帮助学习者从理性上理解其异同，举一反三，掌握由同一语素形成的一系列近义词，并提高记忆的效果。

我们的研究材料局限于双音节复合词，因为双音节是现代汉语复合词的典型词长，占词语总和的70%左右。如果要得到"物—品"的全面构词面貌，还必须涉及它们构成三音节词、四音节词的情况。根据不同的统计研究，三音节词占《现汉》（1996年版）收录的全部组合的8.4%，而在《新词语大词典》（2003年版）中占全部组合的25.8%，在北京大学计算语言学研究所开发的《现代汉语语法信息词典》中，未登录词中三音节词的比例更高达44%。（占勇、杨爱姣，2009）可见，三音节词是新词中最有生命力的构词模式，未来会有越来越多的三音词。汉语四音节词也不少，比如绝大多数的成语都是四音节词。这可以是下一步的研究内容。

参考文献

北京语言大学汉语水平考试中心.汉语8000词词典［M］.北京：北京语言文化大学出版社，2000.
北京语言学院语言教学研究所.现代汉语频率词典［M］.北京：北京语言学院出版社，1986.
董秀芳.汉语的词库与词法［M］.北京：北京大学出版社，2016.
洪炜.语素因素对留学生近义词学习影响的实证研究［J］.语言教学与研究，2011（1）.
柯彼德.以"语素"为基础的汉语词法教学［J］.国际汉语教学研究，2017（1）.
李菁民.现代汉语逆序词典（修订版）［M］.北京：华语教学出版，2011.
李珠，姜丽萍.怎样教外国人汉语［M］.北京：北京语言大学出版社，2014.
吕叔湘.汉语语法分析问题［M］.北京：商务印书馆，1979.
吕叔湘.现代汉语八百词（增订本）［M］.北京：商务印书馆，2010.
吕文华.建立语素教学的构想［C］//《第六届国际汉语教学讨论会论文选》编辑委员会.第六届国际汉语教学讨论会论文选.北京：北京大学出版社，2000.
罗青松.英语国家学生高级汉语词汇学习过程的心理特征与教学策略［C］//《第五届国际汉语教学讨论会论文选》编辑委员会.第五届国际汉语教学讨论会论文选.北京：北京大学出版社，1997.
孔子学院总部，国家汉办.新汉语水平考试大纲1—6级［M］.北京：人民教育出版社，2015.
谢红华."滚雪球"式词汇教学法及相关参数探析［J］.国际汉语教学研究，2019（2）.
苑春法，黄昌宁.基于语素数据库的汉语语素及构词研究［J］.世界汉语教学，1998（2）.
占勇，杨爱姣.基于中文信息处理的现代汉语三音词研究［J］.河南理工大学学报（社会科学版），2009（4）.
张博，等.不同母语背景的汉语学习者词语混淆分布特征及其成因研究［M］.北京：北京大学出版社，2016.
张和生.对外汉语词汇教学研究：义类与形类［M］.北京：北京大学出版社，2010.
张志毅.同义词词典编撰法的几个问题［J］.中国语文，1980（5）.

赵新，洪炜，张静静.汉语近义词研究与教学［M］.北京：商务印书馆，2014.
赵新，李英.商务馆学汉语近义词词典［M］.北京：商务印书馆，2009.
中国社会科学院语言研究所词典编辑室.现代汉语词典［M］.7版.北京：商务印书馆，2016.
周荐.现代汉语词汇学教程［M］.北京：北京大学出版社，2016.

谢红华，日内瓦大学汉学系，日内瓦大学孔子学院

grace.poizat@unige.ch

（责任编辑　洪炜）

汉语水平分级测试方法对研究结果的影响再探
——以汉语水平和元语言意识之间关系为例

张海威

摘　要： 研究者使用不同汉语水平分级测试方法测量学习者的汉语水平，用以探讨汉语水平与因变量（如元语言意识）之间的关系，但不同测试方法是否影响研究结果尚不清楚。本研究以40名英语母语背景汉语二语学习者为研究对象，对比分析了四种汉语水平分级测试方法（学习时长、HSK测试、阅读测试和识字能力测试）对语音意识和声旁意识的预测能力。基于多元回归分析的结果显示，包含HSK成绩的模型对语音意识和声旁意识的变异解释率最高、效应量最大，HSK成绩对语音意识和声旁意识的预测能力最强。总体结果表明，不同测试方法可以显著影响研究结果；与其他测试方法相比，推荐使用HSK考试测量留学生汉语水平。

关键词： 语言测试；分级测试；语音意识；声旁意识

寻求科学的语言水平测试方法是语言教育领域最基本和最重要的研究议题之一。语言水平的准确测量对教学和研究意义重大。除了标准化语言测试（如HSK、TOEFL、IELTS），分级测试也备受学者关注。分级测试包括教学用分级测试和研究用分级测试（张海威，2018）。教学用分级测试一般指分班测试或安置性测试，指通过测试学习者的语言水平，将学习者安置在合适的班级中，并为其配置合适的教学资源。近些年来，汉语二语学界有关教学用分级测试的研究发展迅速（郭修敏，2016，2017；鹿士义、苗芳馨，2014；罗莲，2011，2012a，2012b，2014，2017）。研究用分级测试通过评估学习者语言水平为科学研究提供参考、实现水平分级，其目的是控制研究参与者的语言水平或检验语言水平对因变量的效应（张海威，2018），这也是本文的研究主题。

报告研究用语言水平分级测试方法和过程主要有两个作用，一是为研究参与者的分组提供证据，二是帮助读者确定研究发现可推广至其他样本或群体的程度（Norris，Ortega，2012）。部分学者调查了研究用语言水平分级测试方法的使用现状（Hulstijn，2012；Thomas，1994，2006；Tremblay，2011；张海威，2018），主要发现有三个：第一，研究用语言水平测试方法多种多样；第二，研究者倾向使用简单便捷的方法划分学习者语言水平，如学习时长、自然班等；第三，研究者较少使用标准化语言测试。

在二语习得领域，研究者比较关心语言水平与相关因变量之间的关系，如元语言意识。关于语言水平和元语言意识之间的关系，尽管部分研究未发现两者间的显著关系（Alderson, Clapham, Steel, 1997），不过一般认为语言水平越高，元语言意识发展也越好（Alderson, Hudson, 2013; Gutiérrez, 2013; Han, Ellis, 1998; Zhang, 2017）。但是，不同语言水平分级测试方法如何影响该议题尚未有学者深入探究。张海威（2018）以英语母语背景汉语学习者的语音意识和声旁意识为例，分析了五种汉语水平分级方法（学习时长、HSK 测试、听力测试、阅读测试和识字能力测试）如何影响研究结果。主要发现如下：①以 HSK 成绩为分级标准时，初中级和中级水平组在语音意识和声旁意识上的组间差异显著，效应量较大；②以学习时长和阅读成绩为分级标准时，初中级和中级水平组仅在声旁意识上的组间差异显著，效应量中等；③以听力成绩和识字能力为分级标准时，初中级和中级水平组在语音意识和声旁意识上的组间差异不显著，效应量较小。以上结果说明，不同分级测试方法导致了不同的研究结果，以 HSK 测试划分汉语水平，语言水平对元语言意识的影响更具有显著性、效应量更大。

但是，该议题还有待进一步探索。已有研究的不足在于，张海威（2018）使用的统计方法有一定的局限性。众所周知，语言习得受多重因素影响，如年龄（Birdsong, 2006; Bylund, Hyltenstam, Abrahamsson, 2021; Manan, Khadija, 2017）和性别（Brantmeier, et al., 2019; Menard-Warwick, 2012; van der Slik, van Hout, Schepens, 2015; Wariyo, 2020）。张海威（2018）只使用了独立样本 t 检验，对比分析不同汉语水平组别在语音意识和声旁意识上的差异，未控制研究参与者的背景变量，如年龄和性别，而年龄和性别与语言水平又有一定的相关性。相比 t 检验，多元回归分析可以在控制其他变量的基础上，更加深入地探索汉语水平对元语言意识的影响，可以进一步明晰不同分级测试方法在研究中的优势和劣势。因此，基于张海威（2018）的数据，本研究将使用多元回归分析方法，通过对比四种汉语水平分级测试方法（学习时长、HSK 测试、阅读测试和识字能力测试）对语音意识和声旁意识的预测能力，探究不同分级测试方法如何影响汉语水平与因变量之间的关系。

1　研究方法

1.1　数据收集方法

1.1.1　研究参与者

40 名在英国大学以汉语为主要专业的学习者参加了该研究，其中二年级（平均年龄为 20.2 岁，$SD = 1.61$；女生 13 人，男生 7 人）和三年级（平均年龄为 20.9 岁，$SD = 0.85$；女生 10 人，男生 10 人）学习者各 20 名。因数据在秋季学期初收集，故二、三年级学习者的汉语学习时长分别约为 1 年和 2 年。

1.1.2 研究工具

本研究所使用的研究工具有以下四个:

一是简化版 HSK 测试（Cronbach alpha = 0.80）。包含 HSK 三级和 HSK 四级真题各 8 道,每级含 4 道听力题和 4 道阅读题,均为单项选择题;满分为 16 分。采取纸笔测试的方式。听力和阅读部分的总分是 HSK 成绩,阅读部分的分数是阅读测试成绩。

二是识字能力测试（Cronbach alpha = 0.93）。包含《汉语国际教育用音节汉字词汇等级划分》(2010)中的初、中、高级汉字各 36 个,各级汉字的字频和笔画数无显著差异。按字频从高到低将汉字呈现在一张 A4 纸上,要求研究参与者读出汉字读音。

三是语音意识测试（Cronbach alpha = 0.72）。使用奇异项目（odd-man-out）任务测试,包括音节意识、声母意识、韵母意识和声调意识,每部分 8 道题,共 32 道题。在每道题中,研究参与者听到三个不同的刺激项目（音节意识测试使用双音节词,其他三项测试使用单音节词）,他们需要选出与其他两个不同的项目。

四是声旁意识测试（Cronbach alpha = 0.89）。使用的任务是假字命名,材料包括 10 个左右结构的假字和 5 个作为干扰项的低频真字。采取纸笔测试方式,要求研究参与者用拼音写出假字和真字的读音。使用右边部件为假字命名的比例是声旁意识的得分。

1.1.3 数据分析方法

本文使用多元回归分析方法,在控制研究参与者相关背景变量的基础上,探讨不同分级测试方法对语音意识和声旁意识的预测能力,回归模型中的自变量包括年龄、性别和使用不同测试方法得到的汉语水平指标。

2 研究结果

研究参与者的汉语学习时长,以及在 HSK 成绩、阅读成绩、识字能力、语音意识和声旁意识上的得分详见表 1,各变量之间的相关矩阵详见表 2。

表 1 研究参与者基本信息及在不同测试上的表现

年级	男	女	年龄	学习时长	HSK 成绩	阅读成绩	识字能力	语音意识	声旁意识
二	7	13	20.2 (1.61)	1 年	8.5 (3.44)	4.5 (1.93)	0.14 (0.09)	0.869 (0.07)	0.39 (0.32)
三	10	10	20.9 (0.85)	2 年	11.45 (2.78)	6.80 (1.32)	0.39 (0.12)	0.866 (0.09)	0.64 (0.39)
总计	23	17	20.55 (1.32)	1.5 年	9.98 (3.43)	5.35 (1.85)	0.27 (0.16)	0.868 (0.08)	0.51 (0.37)

注:括号里是标准差。

表 2 测量变量之间的相关矩阵

	学习时长	阅读成绩	HSK 成绩	识字能力	语音意识	声旁意识
学习时长	1.00					
阅读成绩	0.47*	1.00				
HSK 成绩	0.44*	0.88*	1.00			
识字能力	0.78*	0.54*	0.66*	1.00		
语音意识	−0.02	0.22	0.36*	0.17	1.00	
声旁意识	0.32*	0.42*	0.45*	0.29	0.06	1.00

注：* 表示 $p < 0.05$。

在多元回归分析中，本文使用不同分级测试方法所得的原始数据，探索不同分级测试方法对研究结果的影响。考虑到阅读测试是 HSK 测试的一部分，且四种测试方法之间具有较强的相关性，为了避免多重共线性等问题，本研究针对语音意识和声旁意识分别建构了四个模型。结果详见表 3。

表 3 不同汉语水平分级测试方法对语音意识和声旁意识的预测能力

序号	自变量	F	p	R^2	Adjusted R^2	b	SE	t	p	β	η^2	ω^2
					语音意识							
1	模型	1.84	0.16	0.13	0.06							
	性别					0.03	0.02	1.42	0.17	0.22	0.05	0.03
	年龄					−0.02	0.01	−2.06	0.05	−0.33	0.11	0.08
	学习时长					0.01	0.02	0.22	0.83	0.04	0.001	0
2	模型	3.20	0.03	0.21	0.14							
	性别					0.03	0.02	1.23	0.23	0.19	0.04	0.01
	年龄					−0.02	0.01	−1.77	0.09	−0.27	0.08	0.05
	HSK 成绩					0.01	0.003	1.90	0.06	0.29	0.09	0.07
3	模型	2.32	0.09	0.16	0.09							
	性别					0.03	0.02	1.28	0.21	0.20	0.04	0.02
	年龄					−0.02	0.01	−2.01	0.05	−0.31	0.10	0.08
	阅读成绩					0.01	0.01	1.14	0.26	0.18	0.04	0.01

续表3

序号	自变量	F	p	R^2	Adjusted R^2	b	SE	t	p	β	η^2	ω^2
4	模型	2.05	0.12	0.15	0.07							
	性别					0.03	0.02	1.34	0.19	0.21	0.05	0.02
	年龄					-0.02	0.01	-2.02	0.05	-0.32	0.10	0.08
	识字能力					0.06	0.08	0.76	0.45	0.12	0.02	0
声旁意识												
1	模型	2	0.13	0.14	0.07							
	性别					-0.01	0.12	-0.08	0.94	-0.01	0.0002	0
	年龄					-0.05	0.05	-1.16	0.26	-0.19	0.04	0.01
	学习时长					0.28	0.12	2.38	0.02	0.38	0.14	0.11
2	模型	3.23	0.03	0.21	0.15							
	性别					-0.03	0.11	-0.26	0.80	-0.03	0.002	0
	年龄					-0.001	0.04	-0.02	0.99	-0.003	0	0
	HSK成绩					0.05	0.02	3.05	0.004	0.46	0.21	0.18
3	模型	2.66	0.06	0.18	0.11							
	性别					-0.03	0.12	-0.23	0.82	-0.04	0.002	0
	年龄					0.02	0.04	-0.39	0.70	-0.06	0.004	0
	阅读成绩					0.09	0.03	2.76	0.01	0.42	0.17	0.15
4	模型	1.34	0.28	0.10	0.03							
	性别					-0.01	0.12	-0.09	0.93	-0.02	0.002	0
	年龄					-0.02	0.05	-0.43	0.67	-0.07	0.01	0
	识字能力					0.72	0.37	1.92	0.06	0.31	0.09	0.07

注：F = 方差值，p = 显著性水平，R^2 = 判定系数，Adjusted R^2 = 调整判定系数，b = 未标准化的回归系数，SE = 标准误差，t = 回归系数显著性检验的结果，β = 标准回归系数，η^2、ω^2 是效应量指标。

在有关语音意识的多元回归分析中，包含 HSK 成绩的模型对语音意识的变异解释率达到了显著水平，$F(3,36) = 3.20$，$p = 0.03$，$R^2 = 0.21$，Adjusted $R^2 = 0.14$，效应量中等。① HSK 成绩对语音意识的预测作用达到了边缘显著水平，$b = 0.01$，$\beta = 0.29$，$p = 0.06$，$\eta^2 = 0.09$，$\omega^2 = 0.07$，效应量中等。包含学习时长、阅读成绩或识字能力的模型对语音意识的变异解释率均未达到显著水平，效应

---

① Cohen（1988：413-414）认为多元回归分析中的 R^2 值在 0.02 左右为较小，0.13 左右为中等，0.26 左右及以上为较大。本文参考 Adjusted R^2 值。

量介于较小和中等之间;学习时长、阅读成绩和识字能力对语音意识的预测作用均不显著,效应量较小。

在有关声旁意识的多元回归分析中,包含 HSK 成绩的模型对声旁意识的变异解释率达到了显著水平,$F(3, 36) = 3.23$,$p = 0.03$,$R^2 = 0.21$,$Adjusted\ R^2 = 0.15$,效应量中等;HSK 成绩对声旁意识的预测作用达到了显著水平,$b = 0.05$,$\beta = 0.46$,$p = 0.004$,$\eta^2 = 0.21$,$\omega^2 = 0.18$,效应量较大①。包含阅读成绩的模型对声旁意识的变异解释率达到了边缘显著水平,$F(3, 36) = 2.66$,$p = 0.06$,$R^2 = 0.18$,$Adjusted\ R^2 = 0.11$,效应量接近中等;阅读成绩对声旁意识的预测作用达到了显著水平,$b = 0.09$,$\beta = 0.42$,$p = 0.01$,$\eta^2 = 0.17$,$\omega^2 = 0.15$,效应量较大。包含学习时长或识字能力的模型对声旁意识的变异解释率均未达到显著水平,效应量介于较小和中等之间;学习时长显著预测声旁意识,$b = 0.28$,$\beta = 0.38$,$p = 0.02$,$\eta^2 = 0.14$,$\omega^2 = 0.11$,效应量较大;识字能力对声旁意识的预测作用达到了边缘显著水平,$b = 0.72$,$\beta = 0.31$,$p = 0.06$,$\eta^2 = 0.09$,$\omega^2 = 0.07$,效应量中等。

3 讨 论

本文以英语母语背景汉语二语学习者的语音意识和声旁意识为例,使用了四种汉语水平分级测试方法,借助多元回归分析,探讨了不同分级测试方法对语言水平与因变量之间关系的影响。本研究发现,使用不同语言水平分级测试方法,语言水平与元语言意识之间的关系也不同。该发现和张海威(2018)使用独立样本 t 检验得到的结果较为相似。在多元回归分析中,以 HSK 成绩为汉语水平分级标准时,其模型对语音意识和声旁意识的变异解释率都达到了显著水平;以阅读成绩、识字能力和学习时长为汉语水平分级标准时,相应模型对语音意识和声旁意识的变异解释率均未达到显著水平。由此可见,研究者使用不同测试方法,对语言水平与元语言意识之间关系所得到的结论可能大相径庭,即不同的测试方法可能带来不同的研究发现。

以上发现或许和不同测试方法的本质有关(张海威,2018)。学习时长的本质是语言学习时间长短,阅读测试的核心是阅读理解能力,识字能力的本质是汉字认读表现,简化版 HSK 测试的本质是对听力理解和阅读理解能力的综合测量。从语言测量的角度看,四种方法从不同角度考察单个或多个层面的汉语水平指标,具有不同的区分效度。简化版 HSK 测试来自标准化的汉语水平考试,其信度和效度最好,或许是区分学习者汉语水平的最好工具;本研究使用的阅读测试是标准化 HSK 测试的一部分,其信度和效度也相对较好;识字能力测试由作者自己开发,未经过大规模和标准化的测量分析,其信度和效度未知;学习时长本身不具有信度和效度信息。因此,使用 HSK 测试或许可以更好地探索不同研究参与者在语言水平和元语言意识上的差异,进而导致更具有显著性和效应量更大的研究结果,这也为标准化测试在研究中的使用提供了进一步实证支持(张海威,2018;Hulstijn,2012;

---

① Cohen(1988:286–287)认为 η^2 值在 0.01 左右为较小,0.06 左右为中等,0.14 左右及以上为较大。

Thomas，1994；Tremblay，2011）。

标准化 HSK 测试在实际研究中较少使用（张海威，2018），阅读测试或许是替代 HSK 测试的较好方法。从表 2 可知，研究参与者的阅读成绩和 HSK 成绩高度相关（$r=0.88$）；从表 3 可知，虽然阅读成绩不是显著预测语音意识和声旁意识的自变量，但是包含阅读成绩的模型对语音意识和声旁意识的变异解释率仅次于包含 HSK 成绩的模型。在二语习得中，阅读测试是常用的研究用语言水平分级测试方法之一，学习者的阅读成绩（如完型填空测试）与总体语言水平高度相关（Bachman，1985；Heilenman，1983；Tremblay，2011）；部分汉语二语习得研究也使用完型填空等阅读测试划分语言水平（史静儿、赵杨，2014；赵杨，2009；Yuan，1995）。本研究进一步支持了用阅读测试测量语言水平的有效性。

识字能力测试也可用来划分汉语水平等级。识字能力测试主要用于评估学习者的汉字认读能力，已用于研究（高珊，2017；徐晶晶，2018）和教学中的汉语水平分级测试（伍秋萍、洪炜、邓淑兰，2017）。本研究发现，尽管识字能力对声旁意识的预测作用未达到显著水平，但其效应量中等，这为识字能力测试用于汉语水平分级提供了一定证据。不过，包含识字能力的模型对语音意识和声旁意识的变异解释率相对较小，且识字能力未显著预测语音意识和声旁意识，这说明使用识字能力作为汉语水平分级标准有一定的局限性。

学习时长常被用来划分语言水平（张海威，2018；Hulstijn，2012；Thomas，1994；Tremblay，2011）。本研究发现，学习时长和识字能力、阅读成绩和 HSK 成绩中度或高度相关（见表 2），且学习时长显著预测声旁意识，效应量较大。这表明学习时长与汉语水平关系密切，一定程度上可用于划分汉语水平等级。但学习时长未显著预测语音意识，且包含学习时长的模型对语音意识和声旁意识的变异解释率较小。这表明用学习时长划分汉语水平也有一定的局限性，毕竟学习时长的本质不是测试，不是汉语水平测试的有效组成部分，无法准确衡量汉语水平。

4　建　议

标准化测试对研究的开展十分关键。在由天津师范大学语言、心理与认知科学研究院等主办的首届"语言发展评估研讨会"上，谭力海（2018）指出，因为缺乏统一标准化测验，研究者对儿童阅读障碍的诊断标准无法达成共识，导致儿童阅读障碍的诊断和干预工作难以顺利进行，因此他特别呼吁学界开发、使用统一标准化测验。同样地，开发标准化研究用语言水平分级测试对汉语二语学界意义重大。其核心意义在于提供测试研究参与者语言水平的科学依据，增强不同研究结果之间的可比性，促进研究发现和科学知识的累积。如果研究者使用不同方法，研究参与者的汉语水平测量或级别界定可能出现差池，进而限制研究结果的可比性和可推广性，不利于研究的深入发展，一定程度上也造成科研资源的浪费。因此，开发标准化的研究用语言水平分级测试十分必要。对此，本文建议如下。

首先，坚持"有效、可信和实用"的原则。有效（valid）、可信（reliable）和实用（practical）是二语水平测试的三个基本原则（Thomas，1994）。良好的信度和效度是测试的核心要求，对研究用汉语水平分级测试同样适用。有关信度和效度的相关研究十分丰富，本文不再赘述。实用性指可用资源和所需资源之比（Bachman，Palmer，1996）。相关资源包括人力资源、物质资源、时间和相关花费等。相比标准化和教学用语言水平分级测试，研究用语言水平分级测试对实用性要求更高。因为时间和经费等限制，研究者希望在较短时间内（如半小时）完成语言水平测试。在保证效度和信度基础上，研究用语言水平分级测试要增强实用性，尽量做到"短时、高效、花费少"。

其次，加强汉语二语测试和汉语二语习得的接口研究。语言测试和习得研究的接口是学界重点研究议题之一（Bachman，1988；Bachman，Cohen，2002；Gu，2014；Shohamy，2000）。如何找到研究用和标准化汉语水平测试的接口十分关键。在理论层面，研究用和标准化汉语水平测试要对接。两者如何定义汉语水平的理论框架，直接涉及两种测试类型所测量的内容是否可以对接。如果研究者不使用标准化测试测量学习者语言水平，建议研究用水平分级测试的分数解释要以标准化测试为校标。以常用的完型填空为例，如果能将完型填空的分数对接到标准化汉语测试的分数或级别，那么使用完型填空所测的语言水平更具有科学性，否则研究结果的解释力就会减弱。

最后，重视汉字在研究用汉语水平分级测试中的地位。汉字在汉语中地位独特，识字能力测试在教学用和研究用分级测试中都有所使用（高珊，2017；徐晶晶，2018；伍秋萍 等，2017）。对汉字在研究用汉语水平分级测试中的角色，需要从两个方面考虑。第一，明确汉字在测试中的媒介地位。以现行 HSK 考试为例，1～3 级汉字都有拼音标注，4～6 级完全使用汉字。研究用汉语水平分级测试的媒介文字是否也随水平而异需要深入研究。第二，进一步探索识字能力测试与总体汉语水平、不同语言技能和语言要素能力之间的关系，明确识字能力测试适用的研究范围和领域。

5　研究的不足

本研究在以下方面存在不足。首先，样本量相对较小。本研究有效样本是 40 个，且只使用了多元回归分析，无法使用结构方程模型等方法深入探讨，未从测量分析的角度深入检验不同测试方法的信度和效度，因此本研究结论的可推广性或许受限。其次，本研究以语音意识和声旁意识为例，探讨了不同分级测试方法对语言水平和元语言意识之间关系的影响，而研究参与者在语音意识上出现了天花板效应，二、三年级学习者的平均分较高且较为接近，因此本文结论是否适用于其他元语言意识研究有待进一步检验。最后，本研究使用的 HSK 测试只包含听力和阅读等语言理解能力，不包含书写和口语等语言产出能力，未能全面反映综合汉语水平，因此本研究结果还有待进一步验证。尽管有以上不足，但本文以汉语水平对部分元语言意识的预测能力为例，相对深入地探索了不同汉语水平分级测试方法对研究结果的影响，对相关研究具有一定的参考意义和启示价值。

参考文献

高珊.母语者和第二语言学习者汉语阅读中语块加工优势的眼动研究［J］.世界汉语教学，2017（4）.

郭修敏.汉语口语成绩测试评分员培训体系建构及实证研究［J］.语言教学与研究，2016（1）.

郭修敏.面向 TCSL 的分级测试客观卷开发实证研究［J］.世界汉语教学，2017（2）.

国家汉办、教育部社科司《汉语国际教育用汉字词汇等级划分》课题组.汉语国际教育用音节汉字词汇等级划分（国家标准·应用解读本）［M］.北京：北京语言大学出版社，2010.

鹿士义，苗芳馨.分班测验中阅读理解测验的诊断性评价研究［J］.国际汉语教学研究，2014（2）.

罗莲.对外汉语教学分级测试实证研究［J］.民族教育研究，2011（3）.

罗莲.汉语分级测试分数线划分研究［J］.语言文字应用，2012a（3）.

罗莲.汉语作为第二语言的分级测试题型研究［J］.语言教学与研究，2012b（2）.

罗莲.基于判别分析的汉语分级测试标准界定研究［J］.汉语应用语言学研究，2014.

罗莲.汉语分级测试与 CEFR 等级的连接研究［J］.语言文字应用，2017（2）.

史静儿，赵杨.泰语母语者汉语疑问代词虚指用法习得研究［J］.世界汉语教学，2014（2）.

谭力海.中文阅读障碍及其测评［C］.语言发展评估研讨会，天津，2018.

伍秋萍，洪炜，邓淑兰.汉字认读在汉语二语者入学分班测试中的应用：建构简易汉语能力鉴别指标的实证研究［J］.世界汉语教学，2017（3）.

徐晶晶.文本类型对汉语阅读效率和眼跳目标选择的影响［D］.北京：北京语言大学，2018.

张海威.研究用汉语水平分级测试方法对研究结果的影响探索［J］.语言教学与研究，2018（6）.

赵杨.汉语非宾格动词和心理动词的习得研究：兼论"超集—子集"关系与可学习性［J］.世界汉语教学，2009（1）.

ALDERSON J C，CLAPHAM C，STEEL D. Metalinguistic knowledge，language aptitude and language proficiency［J］. Language Teaching Research，1997，1（2）.

ALDERSON J C，HUDSON R. The metalinguistic knowledge of undergraduate students of English language or linguistics［J］. Language Awareness，2013，22（4）.

BACHMAN L F. Performance on cloze tests with fixed-ratio and rational deletions［J］. TESOL Quarterly，1985，19（3）.

BACHMAN L F. Language testing-SLA research interfaces［J］. Annual Review of Applied Linguistics，1988，9.

BACHMAN L F，COHEN A D. Interface between second language acquisition and language testing research［M］.北京：外语教学与研究出版社，2002.

BACHMAN L F，PALMER A S. Language testing in practice［M］. Oxford：Oxford University Press，1996.

BIRDSONG D. Age and second language acquisition and processing：a selective overview［J］. Language Learning，2006，56（S1）.

BRANTMEIER C，DOLOSIC H，BALMACEDA D，et al. Revisiting gender and L2 reading Spanish at the university level：the evolution of reading skill components across instructional levels［J］. Hispania，2019，102（4）.

BYLUND E，HYLTENSTAM K，ABRAHAMSSON N. Age of acquisition—not bilingualism—is the primary determinant of less than nativelike L2 ultimate attainment［J］. Bilingualism：Language and Cognition，2021，24（1）.

COHEN J. Statistical power analysis for the behavioral sciences［M］. 2nd ed. Hillsdale，NJ：Erlbaum.1988.

GU L. At the interface between language testing and second language acquisition：language ability and context of learning［J］. Language Testing，2014，31（1）.

GUTIÉRREZ X. Metalinguistic knowledge，metalingual knowledge，and proficiency in L2 Spanish［J］. Language Awareness，2013，22（2）.

HAN Y，ELLIS R. Implicit knowledge，explicit knowledge and general language proficiency［J］. Language

Teaching Research, 1998, 2 (1).

HEILENMAN L K. The use of a cloze procedure in foreign language placement [J]. The Modern Language Journal, 1983, 67 (2).

HULSTIJN J H. The construct of language proficiency in the study of bilingualism from a cognitive perspective [J]. Bilingualism Language & Cognition, 2012, 15 (2).

MANAN S A, KHADIJA T K. The younger, the better: idealized versus situated cognitions of educators about age and instruction of English as a second/foreign language in Pakistan [J]. Language Sciences, 2017, 64.

MENARD-WARWICK J. Gender and second language acquisition [M] //CHAPELLE C A. The encyclopedia of applied linguistics. Blackwell Publishing Ltd, 2012.

NORRIS J M, ORTEGA L. Assessing learner knowledge [C] // GASS S M, MACKEY A. The Routledge handbook of second language acquisition. New York: Routledge, 2012: 573–589.

SHOHAMY E. The relationship between language testing and second language acquisition, revisited [J]. System, 2000, 28 (4).

SLIK F W P V D, HOUT R W N M V, Schepens J J. The gender gap in second language acquisition: gender differences in the acquisition of Dutch among immigrants from 88 countries with 49 mother tongues [J]. PloS ONE, 2015, 10 (11).

THOMAS M. Assessment of L2 proficiency in second language acquisition research [J]. Language Learning, 1994, 44 (2).

THOMAS M. Research synthesis and historiography: the case of assessment of second language proficiency [M] // NORRIS J M, ORTEGA L. Synthesizing research on language learning and teaching. Amsterdam: Benjamins, 2006: 279–298.

TREMBLAY A. Proficiency assessment standards in second language acquisition research: "clozing" the gap [J]. Studies in Second Language Acquisition, 2011, 33 (3).

WARIYO L. Instructional goal structure, gender, and second language motivation affecting English language achievement [J]. Journal of Language & Education, 2020, 6 (1).

YUAN B. Acquisition of base-generated topics by English-speaking learners of Chinese [J]. Language Learning, 1995, 45 (4).

ZHANG H. The influence of L1 background and other meta-linguistic and background variables on the learning of Pinyin and Hanzi by Arabic and English learners of Chinese as a second language [D]. Heslington: University of York, 2017.

张海威,中央民族大学国际教育学院,100081
zhw@muc.edu.cn
(责任编辑 洪炜)

国际汉语教师培训的历史回顾与现状分析[①]

丁安琪　陈文景　曲福治

摘　要：从20世纪60年代至今，国际汉语教师培训经历了初创、复苏和蓬勃发展的三个历史阶段，发展出了包含国家汉办组织的官方培训、高校和社会机构组织的汉语教师培训在内的六种培训类型。现阶段教师培训面临着培训需求仍有错位、专业培训师严重不足、培训模式不够丰富、培训评估形式单一等四类关键问题。未来教师培训中需多关注多方培训需求，深度挖掘隐性需求；培养专业教师培训师，打造专门培训师队伍；合理搭建培训框架，探索多种培训模式；完善培训评估体系，监督培训成果转化。当前受疫情影响，汉语教师培训向线上过渡，应充分利用"互联网+教育"技术，开创线上汉语教学新生态。

关键词：教师培训；培训模式；培训需求；评估

教师培训是教师教育的重要内容，是促进教师专业能力发展的有效途径，也是教师终身学习的需要。我国非常重视教师培训工作，将它纳入了政府公共服务范畴。2010年起，教育部、财政部全面实施"国培计划"，在全国范围内提升中小学教师特别是农村教师队伍的整体素质。各地区也积极开展"省培""地培""校培"项目，增强教师专业能力。关于教师培训的研究已有丰硕成果，研究内容多聚焦在教师培训需求、教师培训模式、教师培训评估，关注的教师群体主要为幼师和义务教育学段的教师（如：赵德成 等，2010；朱旭东，2010；朱旭东 等，2013；李觉辉，2014；武丽志 等，2014；张海燕 等，2014；宋萑 等，2017；陈向明 等，2013；"全国中小学教师专业发展状况调查"项目组等，2011）。

国际汉语教师的培训长期以来一直是国际中文教育领域的一个重要课题。尤其是近年来，随着国际中文教育的不断发展，我国汉语教师培训实践工作得到了长足发展。但与其他领域的教师培训研究相比，我们对国际汉语教师培训的研究还很缺乏，目前只有不多的学者对此进行了探讨。张和生（2006）、刘珣（1996）回顾了汉语教师培训的历史，指出教师培训工作的重要性和研究的迫切性；

[①] 本文曾于2019年3月在日本东北大学"国际汉语教育的现状与课题"国际学术研讨会上宣读。

郭凌云（2013）和丁安琪（2012）分别介绍了支架式速成培训模式和沉浸式汉语师资培训模式；江傲霜等（2011）对泰国汉语教师志愿者进行了调查，发现培训内容与实际教学存在一定差距，建议对志愿者依据当地的汉语教学现状进行培训，强调培训的国别化和针对性。郭风岚（2012）提出海外教师培训应该改变单向注入式模式，坚持适切、多维、实用原则，以问题为导向，以任务型培训模式为核心，以学员为中心，加大学员参与、体验的力度。

从现有研究来看，国际中文教育界对教师培训的研究总体数量匮乏，提出的问题多，对策和方案少，个案研究较多，推广性不足。教师培训关系到国际汉语教师师资队伍的建设问题，是国际中文教育事业发展的关键一环。随着时代发展，国际汉语教师的教学环境、教学条件复杂多样，教学对象更加多元，教学模式更多地依托互联网科技，这一系列变化都对教师专业能力和综合素养提出了更高要求，国际汉语教师培训问题的研究面临着广泛的社会需求。因此，对我国汉语教师培训的历史进行回顾，并在此基础上对培训现状进行分析，有助于我们全面了解汉语教师培训工作，为将来的发展提供参考。

1 我国汉语教师培训的历史回顾

依据张和生（2006）对我国汉语教师培训历史的梳理，从 20 世纪 60 年代至今，新中国汉语教师培训的历史大致可分为初创、复苏和蓬勃发展三个阶段。

1.1 初创阶段

张和生（2006）指出，20 世纪 50 年代是新中国对外汉语教学的开端。在这个阶段学校高度重视留学生工作，从事对外汉语教学与管理的多为学界名流。比如：清华大学教务主任周培源担任来华留学生班的班主任，吕叔湘任留学生管理委员会主席。随后，各高校开始选派精英作为汉语教师向国外派遣。1952 年，朱德熙作为首位国家公派汉语教师出国任教，邢公畹、郭预衡等著名学者也在公派对外汉语教师之列。这一时期的对外汉语教学规模小，师资队伍精，学界几乎不关注师资队伍建设问题。

20 世纪 60 年代，我国对外汉语教学体系开始形成，外派汉语教师人数和来华留学生人数都大量增加。1961 年至 1964 年，国家先后选拔 156 名中文系学生参加出国储备师资班；1965 年北京语言学院建成，为国内其他高校教师举办对外汉语教师培训班。这一时期汉语教师培训的内容大部分为外语学习，且特别注重外事工作教育。十年动乱开始后，出国汉语师资培训工作被迫中断，陈毅副总理兼外长做出明确指示，已经培训好的师资队伍不能散，必须储备起来。

1.2 复苏阶段

张和生（2006）提到，20 世纪 80—90 年代迎来了汉语教师培训的复兴阶段。对外汉语教学进入快速发展期，来华留学生人数高速增长。由于缺乏充足准备来应对规模的迅速扩张，发展中的问题和偏见很快突显了出来：一是片面追求扩大招生的经济效益；二是认为对外汉语教学是"小儿科"，会说汉语的人都可以一试。教师培训不足便仓促上阵势必影响教学质量，缺乏高素质的教师成为限制对外汉语教学健康发展的瓶颈。对外汉语教学需要一批经过科学的、专门的、严格的训练培养出来的新型教师，进而造就出本学科世界一流的专家、权威。在社会需求的促使下，国内各教学单位举行了不同规模、不同类型的教师培训，包括岗前的短期培训、师傅带徒弟、开设专题讲座、选派教师到国外进修、办助教进修班等方式。由于接受培训的教师层次多样，既有海外汉语教师和国内的青年教师，从事多年汉语教学和研究的国内外教师、学者，还有资格证考生和在职对外汉语教师，因此分别针对以上人群开设了四类培训班：国内外汉语教师培训班（普通班），国内外汉语教师研修班（高级班），对外汉语教师资格证书辅导班、国内在职教师硕士研究生班。课程安排和教学要求方面，为和授课对象的知识结构和学习需求保持一致，不同类型培训班的课程差异很大。

在专家、学者的呼吁和相关研究的推动下，培训规模进一步扩大，汉语教师师资队伍建设取得了一系列实质性成果。1984 年暑假，对外汉语教学研究会在北京语言学院举办了为期 1 个月的培训班，汇集了全国 23 所院校的 50 名汉语教师参加；1986 年暑假，北京语言学院和美国俄亥俄州立大学联合举办为期一个月的中美汉语教师培训班，分别有 13 名美国汉语教师和 25 名中国汉语教师参加；1987 年开始，北京语言学院每年举办汉语教师培训班，至 1995 年，共举办 48 期培训班，培训近 30 个国家和地区的 800 多名汉语教师，以及国内 50 多所院校的 250 多名对外汉语教师。

在复苏阶段，培训要求汉语教师需具备以下六个方面的能力：一是具有较系统的汉语语言学的理论知识和规范的汉语口语、书面语的熟练运用能力；二是熟悉汉语作为第二语言教学的基本理论与原则，并具有将这些原则根据需要创造性地运用到汉语课堂教学中的能力；三是能尊重并正确地理解中华文化，具有一定的中华文化、中国文学和中国社会的背景知识，特别是与汉语交际直接相关的文化知识；四是具有一定的语言学、社会语言学、心理语言学、语言学习理论和教育学等理论知识，了解语言学习和习得的过程和规律，能结合教学进行一定的科学研究；五是具有学习并获得某种第二语言及其相关文化（最好是学生的母语和母文化或与之有一定联系的第二语言和文化）的经历；六是热爱汉语教学工作并具有一定的组织工作能力。

1.3 蓬勃发展阶段

2004 年 12 月，全球孔子学院的建设拉开帷幕。在此背景下，2005 年以后，汉语教师培训进入蓬勃发展阶段。2008 年 12 月，许琳在孔子学院大会上的讲话提出，汉语国际教育事业要实现发展战略、工作重心、推广理念、推广机制、推广模式、教学方法六大模式的转变，利用系统内外、政府民间、国内国外多方合作和市场运作，让国际中文教育"走出去"，搭载多媒体网络等现代信息技术，推广大众型、普及型、应用型的汉语教学。工作方向的转变要求我们更新汉语教师培训的理念和模式，以适应新时期国际中文教育全球化发展的需求。

2 汉语教师培训的现状分析

2.1 现阶段汉语教师培训的总体目标

为了提高国际汉语教师的专业素质和教学水平，培养一大批合格的汉语教师，满足世界各地日益增长的汉语学习需求，国家汉办组织研制了《国际汉语教师标准》（简称《标准》）。《标准》是对从事国际汉语教学工作的教师所应具备的知识、能力和素质的全面描述，它要求国际汉语教师经培训后，需具备汉语教学基础、汉语教学方法、教学组织与课堂管理、中华文化与跨文化交际、职业道德与专业发展五类能力素养。修订后的《标准》[①]进一步细化了国际汉语教师能力素养的颗粒度，并在一些能力项目上提出了更高要求。例如，在教师教学组织与课堂管理能力方面，教师应熟悉汉语教学标准和大纲，并能进行合理的教学设计，还可以根据教学需要选择、加工和利用教材与其他教学资源；在中华文化与跨文化交际能力方面，教师需要了解中华文化基本知识，具备文化阐释和传播的基本能力，应了解中国基本国情，还能客观、准确地介绍中国。

2.2 现阶段汉语教师培训的类型与模式

根据培养对象与培养目的的不同，汉语教师培训可以大致分为六个类型[②]：志愿者教师岗前培训班、国家公派教师岗前培训班、本土来华教师培训班、海内外普通汉语教师培训班、高级汉语教师研修班、证书辅导班。其中前三类属于国家汉办[③]组织的官方培训，是汉语教师培训的主体形式，后三类为高校和社会机构组织的培训。接下来将分别从学员身份、培训规模、培训目标、培训方案几个维度介绍不同类型汉语教师培训的特点。

2.2.1 国家汉办组织的官方培训

（1）志愿者教师岗前培训班。汉语教师志愿者项目是中国为帮助世界各国解决汉语师资短缺问题而专门设立的志愿服务项目。志愿者主要从所学专业为对外汉语、汉语言文学、外语、教育学、历史、哲学等文科专业的在职教师、在读研究生、本科以上应届毕业生中招募选拔，经培训合格后派出任教。十几年间，汉语志愿者项目取得了长足发展。2003 年，作为试点，国家汉办向泰国和菲律宾派遣首批志愿者；2004 年，经教育部批准，汉语志愿者教师项目正式实

---

① 2012 年 12 月出版的《国际汉语教师标准》（第二版）。
② 除了目前所列的六个类型外，还有国内派专家赴海外培训等模式，由于培训主体不在国内，本文对此不做分析。
③ 2020 年后，该项工作由教育部中外语言合作交流中心负责。

施；2009年，首次面向全国大规模招募志愿者。志愿者教师岗前培训是目前国家汉办组织的规模最大的教师培训。以2017年为例，培训的志愿者教师人数共6306人，派往127个国家。

志愿者岗前培训的目标是通过培训，使学员增加对当今世界和中国国情的了解，进一步坚定理想信念；增强作为汉语教师志愿者的光荣感、使命感和责任感，激发对汉语国际教育事业的热情、感情和激情；全面掌握汉语作为第二语言的教学能力、中华文化传播能力和跨文化交际能力；能够适应赴任国生活，胜任志愿服务工作，成为中外友好交流的民间使者。

在统一的培训目标下，不同的培训承办单位会根据各自的特点来设计相对独立的培训方案。以华东师范大学国际汉语教师研修基地为例，培训方式强调理论与实践相结合，主要采用集中强化培训的形式，要求以学员为中心，以提高针对性为重点，以问题为导向，以案例教学为手段，以小班试讲点评为特色，以优秀师资为保障。培训方式的设置具体表现为：课堂讲授与自主学习、小组研讨相结合，书面报告与实践操练、成果展示相结合。培训课程主要由四个模块构成：一是理想信念与志愿精神，涉及与理想信念、家国情怀、志愿精神相关的讲座和主题演讲比赛；二是汉语教学能力，包含和教学与课堂管理、教育技术与教学资源利用相关的介绍、教学观摩与实践等；三是中华文化传播能力，涵盖中华文化、跨文化交际、赴任国语言、中华才艺等内容的讲解；四是关于涉外教育、安全教育、赴任指南等方面的赴任指导。

（2）国家公派教师岗前培训班。为促进中外文化教育交流，加强国际汉语教学和教育援外工作，教育部与国家汉办根据与国外的教育交流协议和国外对汉语教学的需求，由国家汉办具体负责向国外教育部、大学、中小学等教育单位派出汉语教学顾问及汉语教师。国家公派教师岗前培训是国家汉办组织的规模仅次于志愿者教师培训的项目。根据国家汉办2009—2017年的统计数据，国家年公派教师数最高达到6300人，派往146个国家。

国家公派教师岗前培训的目标是通过强化培训，全面提高教师汉语教学能力、中华文化传播能力和跨文化交际能力，使教师能够适应赴任国工作和生活，胜任孔子学院及外国大中小学的教学任务。

与志愿者教师岗前培训相似，各培训单位也会有相对独立的培训方案与培训特色。华东师范大学国际汉语教师研修基地的培训重点训练并提高教师汉语教学能力、中华文化传播能力、跨文化交际能力、岗位职责及赴任指导、总部项目、外事教育和安全意识。培训方式灵活多样，有案例教学、实训教学、自主学习、任务式学习与团队合作等形式。其中，实训教学主要通过微格教学、网络教学、模拟教学、试做课件、试讲评析等方式，提高学员实战能力。培训课程可根据学员的专业背景、工作经验、赴任国别和岗位特点量身定制，一般包括六个模块：一是教师职业精神，包括师德教育、职业发展、学术研究、教师行为规范、团队合作精神等内容；二是汉语教学，包括要素与技能教学等内容；三是教学组织与课堂管理，包括大纲、课堂管理、课堂活动、多媒体课件、测试与评估、教材选用和教学资源利用等内容；四是中国文化和跨文化交际，涉及中国文化、中华才艺、当代中国、跨文化交际、中外教育的差异、汉语与文化教学相关内容；五是孔子学院总部重点项目介绍；六是赴任指南和安全教育。

（3）本土来华教师培训班。为支持各国本土汉语教师专业发展，孔子学院总部/国家汉办设立"外国本土汉语教师来华研修项目"，资助国外汉语教师来华研修。研修班课程由中国相关大学在本校分别开设。研修班周期一般为1～4周，开班人数须达到15人以上。华东师范大学国际汉语教师研修基地研修课程主要包括汉语专业知识、汉语教学技能、汉语教学法、汉语测试与评估、汉语教材、中华文化与中国国情、中外文化对比等系列课程。

2.2.2 高校和社会机构组织的培训

（1）海内外普通汉语教师培训班一般由大学、出版社和公司承办，授课对象为海内外（青年）汉语教师，课程主要有汉语言要素和汉语言技能的教学内容和教学方法、汉语教学理论和课堂教学技巧、教材分析、汉语测试、中华文化专题、语言教学观摩等。

（2）高级汉语教师研修班是为了满足多年汉语教学和研究的国内外教师、学者进一步研修的需求而开设的专题研修班。研修班一般会从和教学、文化、语言研究等相关的专题中选择一两个重点课题展开研究和讨论。

（3）证书辅导班的课程主要围绕《国际汉语教师证书》考试的笔试和面试进行开发，授课对象为具有本科以上学历，已经或打算从事国际汉语教学，拟申请《国际汉语教师证书》者。

2.3 现阶段汉语教师培训的问题分析

虽然我国汉语教师培训的研究和实践已取得许多宝贵成果，但发展中仍不断有新问题显现出来。在密切关注、分析矛盾的基础上，我们可以更清晰地把握阻碍教师培训进一步发展的因素，进而为提升教师培训效果寻找有效途径。当前汉语教师培训中有五类问题较为突出：

（1）培训需求仍有错位。汉语教师培训应同时关注来自国家、用人单位、教师个体三方主体的显性和隐性培训需求，按照不同层次、类别设计相应培训模式。其中，显性需求代表学员围绕调研可以结合自己的教育教学实践主动例举的需求，隐性需求指学员可能没有意识到或者不被察觉的需求。当前的培训中存在两种需求不平衡问题：一种是注重国家需求与个人需求，忽视单位需求；另一种是注重显性需求，忽视隐性需求。就前者而言，虽然在过程中围绕《国际汉语教师标准》和学员需求展开培训，这分别是国家需求和个人需求的外在表现，但由于对培训单位的需求调研严重缺乏，入职后仍需进一步培训，使教学工作无法及时顺利开展。就后者而言，培训关注了课堂管理、教学法、跨文化交际等在调查中显示的学员最需要的课程，然而忽视了关于"以人为本""差异化教学"等教育理念的传递。

（2）专业培训师严重不足。现阶段培训师资结构不合理，构成较为单一，没有一支理论和实践相结合的，专门从事国际汉语教师培训的师资队伍。从事教师培训工作的培训师对培训质量起着关键性作用，他们能提升教师培训的专业性。现阶段汉语教师培训工作主要由相关专业的高校教师负责，培训教师队伍缺乏专业化。

（3）培训模式不够丰富。现阶段汉语教师培训模式较为固定，主要由理念、目标、方式、课程、评估五个环节构成。以学员为中心，促进学员能力发展是培训的总体理念和目标，方式多采用讲座、试讲、小组讨论三种，采用测试手段来进行评估。当前缺乏结合学员学习需求和专业背景制定的形式灵活多样的培训模式。已有学者对国外汉语教师培训的其他模式进行了研究和介绍，如基于课堂教学视频案例的培训模式、沉浸式汉语师资培训模式（丁安琪，2012）、支架式速成培训模式及 A + 教师培训模式（刘骏，2018）。这些培训模式的设计理念和操作方式对我们有一定的参考意义。

（4）培训评估形式单一。目前对培训的评估仅通过问卷调查这一种形式，一般由学员和教师分别为主体，通过结果性评估和定量评估相结合的方式产生评估结果。如此单一的评估形式使结果不可避免地会受到两方面因素干扰：一是问卷内容虽可以较全面地覆盖培训师资、培训内容、培训方法、配套设施、组织管理等方面，但往往浅尝辄止；二是问卷调查是关于态度的调查，无法真正检验培训有效性。

（5）对培训成果在实际教学中所发挥的效能及效果持续性的关注不足。当前的教师培训更多地聚焦于"应然性"而忽略了"实然性"，即关注要培训什么内容，而非这些内容能够多大程度上在日后教学活动中发挥作用。此外，对学员培训效果的检验往往仅来自培训末期一次性的成绩考核，这并不能反映出培训知识在后续教学工作中的转化率。许多新手教师的培训周期较短，实践比重不足，学习效果随记忆衰减而大打折扣，从较长时间段来看，培训的实际效用不能不令人担忧。

3 关于汉语教师培训的建议

针对上文中提到的现阶段汉语教师培训中的问题和发展中的困扰，我们拟提出以下五点建议：

（1）关注多方培训需求，深度挖掘隐性需求。一方面，分层次进行需求调研，建立国家—单位—个人需求调研体系，增强对用人单位的调研，摸清用人单位的实际需求，有针对性地培养专业人才；另一方面，在挖掘需求时，要以理论为基础，透过现象看本质，最后通过访谈、观摩等多种方式和途径相互配合，深度挖掘和获取隐性的培训需求。

（2）培养专业教师培训师，打造专门培训师队伍。教师培训师可以根据教师专业化发展的要求，结合学校管理、办学理念、教育教学思想及现实问题解决的经验，策划、开发培训主题与项目，制定、实施培训计划与方案，担任培训管理、教学和相关咨询活动等工作。教师培训师队伍应有别于相关专业的教授、教师，由培训师、项目专员、辅导员三类角色组成。教师培训师应当具备专业道德、专业知识和专业能力三类专业素养（图1）。第一，专业道德，包括：①对待教师培训的态度，指热爱培训事业、敬畏培训规律、坚守培训理想、分享培训智慧；②对待参训者的态度，指尊重与信任参训者、宽容参训者的言行、保守参训者的秘密；③自我道德修养，指富有激情、坦然自若、开放心态、团队意识。第二，专业知识，包括：①本体知识，指学科知识、培训目标的知识、培训的历史与模式的知识；②条件性知识，指教师专业发展的理论、教师学习的理论、教师参与式培训方法体系、教师团队心理辅导知识、教师培训的技术、教师培训诊断与评价的知识。第三，专业能力，包括：①策划培训的能力，指设计与组织培训需求调查、依据培训需求设定培训目标、围绕培训目标开发培训课程、策划培训方案、依据培训活动需要设计培训环境；②执行培训的能力，指组织破冰活动的能力、激发和维持培训热情的能力、组织协商培训方法的能力、培训主题的演讲能力、培训中的提问能力、参与式培训方法的运用能力、获取培训反馈的能力、培训班的管理能力；③自我发展的能力，指培训反思能力、角色认知能力、终身学习能力。

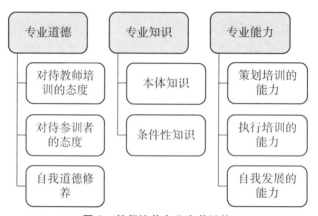

图 1 教师培养专业素养结构

（3）合理搭建培训框架，探索多种培训模式。为使汉语教师培训适应多元化、个性化的培训需求，我们有必要实现当前标准化统一的培训向差异化个性培训过渡、系统性完整培训向模块化组合培训过渡，利用好互联网发展的新业态，将"互联网+教学"的新模式、新方法投入教师专业培训的实践中，助力培训模式的创新发展。例如，建立"汉语教师线上培训服务系统"，收集和记录学员的登录学习时间、发言次数、互动频率、作业提交情况等学习数据，并自动生成阶段性学习数据统计图表，帮助学员和教师了解其学习风格和学习进展，制定适合个体差异的培训内容。"汉语教师线上培训服务系统"还可上传分享名家教师及专家团队的教学录像，方便不同地区的学员同时观摩学习和交流，提高教学资源的利用效率，拓宽学员交流互动的地区范围。此外，应分国别和地区建立信息档案，包含已赴任的教师及志愿者上传分享的当地教育政策、教学工作内容和要求、教学案例设计以及政治、经济、风俗文化、生活体验等多项信息，为培训学员提供详细的参考。

（4）根据教师需求设计"岗前—岗中"有连贯性的培训计划，提升教师培训质量，保证培训效果的持续性。为使培训效果落到实处，防止效能随时间流逝而快速衰减，我们建议可以从以下几个方面着手：第一，培训课程内容的设置应因学员教学经验水平而定，保证讲授内容和学员知识储备有所衔接，帮助学员吸收和理解新知识，保持学习兴趣；第二，聘请有海外丰富工作经验的专家教师作为培训师，讲授内容需具有理论高度，又侧重培训的实战性，加大模拟试讲、课堂观摩、案例分析等内容的比重，便于学员及时练习和消化记忆讲授内容；第三，制定分别针对"岗前—岗中"较长周期的"精耕细作"的培训方案，实现对不同阶段所需能力项的重点培训，提升学员的岗位胜任力；第四，建立汉语教师专家学者远程咨询平台，将短期强化的培训与长期培养相结合，延续培训的时效性。充分发挥教师专业培训对教学工作的支持作用，是培训的核心诉求，同时也能一定程度上避免资源的浪费。

（5）未来需要完善培训评估体系，监督培训成果转化。为了提升培训评估反馈的可信度和有效性，我们应健全和完善培训评估体系，多维度、多层次、全方位评价培训效果，实现多元化评估。第一，对培训的评估应涉及培训目标达成、培训课程设置、培训教师、培训管理等多个方面；第二，培训主体应同时包括教师、学员、培训机构和用人单位，综合不同主体的培训需求；第三，对培训方式的评估应采用"结果性评估＋过程性评估""定量评估＋定性评估"相结合的办法，丰富评估信息的来源；第四，对学员的评估不仅应包含知识、教学手段、教学组织和教学效果等外显的专业素养，还需重视对教学理念、道德情感等深层情感态度、价值观的调查，评估学员的综合素养。

4　结　语

国际中文教育事业正向全球扩展，需要大量能力结构多元，与岗位需求匹配度高的国际汉语教师队伍作为支撑，而现阶段人才缺口很大，培训需求未能满足。需要明确的是，培训并不是万能的，因而我们需要落实教师培训需求评价，把握究竟有哪些问题是可以通过教师培训解决的，从需求出发安排合适的学习方式，提升教师培训的实效。

目前在全球新冠肺炎疫情防控背景下，传统的线下教师培训方式受到阻碍，教师培训模式转向了线上培训的"新常态"。随着互联网、人工智能等新技术对生活的影响不断加强，如何变革教师培养体系，如何创新培训服务模式，设置适合远程汉语教学的培训课程，提升汉语教师的线上教学能力，构建教师培训的新生态，是我们亟需积极探索并解答的新问题。在关于线上教师培训模式的研究中，希望有更多学者可以利用线上培训不受时空限制的特性，探究个性化的、具有弹性的培训模式，为培训者提供多样化的学习选择；也希望学者们能探索提升教师在线教学资源获取和使用能力的有效途径、构建教师线上培训的评估体系等。我们同样期待在不久的将来，研究者能尽快通过人工智能和大数据技术实现对培训全过程数据的伴随式全方位采集，实现对教师培训行为和个人特征的数字画像，为汉语教师提供差异化、个性化的培训方案。

参考文献

陈向明,王志明.义务教育阶段教师培训调查:现状、问题与建议[J].开放教育研究,2013(4).
丁安琪.美国夏威夷大学沉浸式汉语师资培训模式分析[J].课程·教材·教法,2012(7).
郭凤岚.关于海外汉语教师培训的几点思考[J].语言教学与研究,2012(2).
国家汉语国际推广领导小组办公室.国际汉语教师标准[M].北京:外语教学与研究出版社,2012.
郭凌云.面向国际汉语教师的支架式速成培训模式研究[J].语文建设,2013(23).
江傲霜,吴应辉,傅康.泰国汉语教师志愿者教学情况调查对志愿者培训工作的启示[J].民族教育研究,2011(5).
李党辉.我国教师培训模式文献综述[J].继续教育研究,2014(11).
刘骏.国际汉语教师:存在的问题与培训模式创新[J].语言战略研究,2018(6).
刘珣.关于汉语教师培训的几个问题[J].世界汉语教学,1996(2).
"全国中小学教师专业发展状况调查"项目组.中国中小学教师专业发展状况调查与政策分析报告[J].教育研究,2011(3).
宋萑,朱旭东.论教师培训的需求评价要素:模型建构[J].教师教育研究,2017(1).
武丽志,吴甜甜.教师远程培训效果评估指标体系构建:基于德尔菲法的研究[J].开放教育研究,2014(5).
张海燕,贾思彤.新疆小学科学教师培训需求分析研究[J].中小学教师培训,2014(11).
张和生.对外汉语教师素质与培训研究的回顾与展望[J].北京师范大学学报(社会科学版),2006(3).
赵德成,梁永正.培训需求分析:内涵、模式与推进[J].教师教育研究,2010(6).
朱旭东,宋萑.论教师培训的核心要素[J].教师教育研究,2013(3).
朱旭东.论"国培计划"的价值[J].教师教育研究,2010(6).

丁安琪,华东师范大学国际汉语文化学院
dinganqi@chinese.ecnu.edu.cn
陈文景,华东师范大学国际汉语文化学院
1769282624@qq.com
曲福治,东北财经大学国际教育学院
aqufuzhi@163.com

(责任编辑 张念)

南非中小学汉语教师志愿者胜任力调查

伍秋萍　王香麟

摘　要：本研究以南非中小学汉语教师志愿者为研究对象,通过问卷和个体访谈调查其胜任力情况。调查结果显示：①赴任前,志愿者在岗前培训中主要储备了学科知识、职业技能和跨文化交际能力上的胜任力,但有待提高。②赴任后,志愿者的整体自我评价较高。处于岗位初期的志愿者对学科知识最不自信,对个人特质最自信；处于岗位中期的志愿者对学科知识最不自信,对职业态度最自信；处于岗位后期的志愿者对个人特质仍最自信,但对职业发展性不自信。优秀型志愿者和普通型志愿者的差异主要体现在职业技能和学科知识两个方面。③任教学校对志愿者的整体评价较高,但指出志愿者在职业技能和跨文化交际能力上的不足。根据调查结果,本文对志愿者、任教学校提出相应建议。

关键词：南非；汉语教师志愿者；胜任力

胜任力,指在具体某项工作中将不同绩效区分开来的深层次特征,包括个体的工作动机、个人特质及技能等（McClelland,1998）。教师胜任力,指从事教师这一职业的人员完成岗位职责所需要具备的能力的组合（傅芳欣,2012）,对教师职业发展有重要影响。

近年来,关于教师胜任力的研究主要集中在以下两个方面：

(1) 针对不同学段的教师胜任力研究。王昱（2006）通过行为事件访谈和问卷调查,得出我国高校教师的胜任力应包含创新能力、获取信息的能力、人际理解力、责任心、关系建立、思维能力和成就导向七个维度。朱晓颖（2010）对比分析了不同年龄、不同学历及公立和私立学校的小学教师胜任力,为小学教师培养提供了建议。彭建国、张宏宇和牛宙（2012）从教师人格特征方面研究小学教师的胜任力,采用卡特尔 16 - PF 人格特征测验,发现优秀小学教师的职业人格特征主要是由乐群性、聪慧性、稳定性、有恒性和自律性构成。

(2) 针对不同学科（语文、英语等）的教师胜任力研究。夏伶

---

① 本研究得到中山大学研究生院"学风建设·文献研读与学术规范训练"项目（11100 - 18844201）的资助。

（2006）将语文教师的能力概括为"外显型能力"和"隐藏性能力"，前者指教师"说"和"写"的能力，后者指"想"和"做"的能力。李党辉和尹逊才（2016）以江苏省特级语文老师为研究对象，从教育、教学和教研三个维度探讨优秀教师的胜任力。刘银和李星（2009）从英语教师培养出发，指出英语教师的胜任力应包括内在的基本能力（如道德、情感）和外在的基本能力（如专业的知识、教学能力）。赵婉莉和侯娟（2010）以陕西关中地区的英语教师为研究对象，认为应从以下三方面考察英语教师的胜任力：教师教学观念、学生及学习观、英语语言能力。

由此可见，有关国内不同阶段和学科教师胜任力的研究比较丰富，但是针对国际汉语教师的教师胜任力研究相对缺乏，且缺乏跨文化交际能力的视角。王静（2011）通过编制《汉语国际教师胜任力特征问卷》，对正在从事汉语国际教育事业的一线教师进行施测，探讨汉语国际教师胜任力模型和构成要素，提出胜任力应包括学科知识、职业技能、个人特质、职业态度、跨文化交际能力、职业发展性六个维度。[①] 伍秋萍、卓肆和陈品延（2019）参照了王静（2011）的胜任力维度，将六个维度下的34个特征概念细化为具体的行为，将"特征重要性"改编成"行为自评"，从而编制成《汉语国际教师胜任力自评量表》，并探讨了全程见习模式下汉语国际教育硕士教师胜任力的发展与不同实习岗位间的差异。

然而，关注海外非目的语环境下的一线汉语教师志愿者的胜任力情况的研究尚少。自1998年两国正式建交以来，南非和中国在政治、经济、文化等方面的合作不断深化。汉语教学已纳入南非国民教育体系，南非也是非洲设立孔子学院和孔子课堂最多的国家。可以说，南非的汉语教学事业正处在积极快速发展的阶段。现阶段派往南非的汉语教师志愿者，拥有良好的汉语教学土壤，但也面临着一系列的挑战。因此，本文将教师胜任力定义为"教师个人所具有的使教学行为能够顺利开展的各种能力，包括学科专业能力、交叉学科知识以及作为教师应该具有的正确的教育观、教师观、学生观等"，融入跨文化交际能力及海外生存适应力等因素，以南非中小学汉语教师志愿者为研究对象，考察志愿者在海外不同生存阶段的胜任力情况，帮助改进、提升志愿者整体素质，以更好地推动当地汉语教学发展。

1 研究方法

1.1 研究对象

本文以2017年中到2019年初赴任南非中小学的30名汉语教师志愿者为研究对象，他们均为孔子学院总部/国家汉办派遣，每人的派遣时间和已赴任时长有别。依据文化适应的阶段性特点（伍秋萍、胡桂梅，2017），我们将志愿者赴任时间三个月以下界定为赴任初期，3～

[①] 学科知识指汉语本体知识、交叉学科（教育学）、中华文化知识等；职业技能指从事汉语教学所需具备的一般性的和特殊性的教学技能；个人特质指适合汉语国际教师所需的个人基本特性和性格，如开朗、开明、耐心等；职业态度指对待汉语教师这一职业所持有的态度；跨文化交际能力包括认知、情感、行为等方面的适应能力，具备文化相对论思想和跨文化意识；职业发展性指个人对自己的职业具有强烈的成长愿望和明确的发展目标。

9个月为中期，9个月以上为后期，分别有6人、6人和18人。

1.2 问卷调查

《南非汉语教师志愿者胜任力调查问卷（自评）》包括三个部分：对岗前培训的满意度，赴任后的教学情况，胜任力自评量表。自评量表来自伍秋萍、卓琫、陈品延（2019）的研究，包括学科知识等六大板块34个特征，有良好的信效度。该自评量表将每个特征概念细化为具体的行为，例如"我能熟练运用教育学、心理学以及现代教学技术（如PPT等）辅助我的教学""我能理解和包容其他民族或国家的文化，融合双方的教育价值理念和教育学知识"，要求被试根据自己的实际情况在5点量表上做出行为自评，1~5分别表示"非常不符合"到"非常符合"。

《南非汉语教师志愿者胜任力调查问卷（他评）》采用相同的胜任力特征，由各任教学校填写。问卷由两部分组成：对志愿者胜任力的评价和对志愿者的建议。本文通过问卷星发放问卷并回收数据。自评问卷共发放30份，回收30份，有效问卷30份；他评问卷共发放15份，回收15份，有效问卷12份。

1.3 访谈调查

为了更好地了解志愿者胜任力情况，笔者选取了两名同一时段在南非同一所孔院任教的汉语教师志愿者进行个体访谈。两名志愿者均顺利完成了一个任期的教学工作并通过国家汉办的考评。一名志愿者的考核等级为优秀，另一名志愿者的考核等级为合格。访谈内容包括以下几个问题：

（1）您认为作为一名汉语国际教师应该具备怎样的品质、能力、知识技能和个性特征才能胜任这一岗位？

（2）在海外任教的汉语国际教师和国内的汉语老师相比，应该具备哪些独特的性格、能力、潜力和个人特质？

（3）您认为作为一名汉语国际教师，最成功的是哪些特质，还需要改进的是哪些特质？

（4）在工作中您最注重对自己什么能力的培养？为什么？

（5）能否谈谈在您的工作中，印象比较深刻的成功事例和遗憾事例？

本文将综合两名志愿者的回答，探讨优秀型志愿者（A教师）和普通型志愿者（B教师）在胜任力认识及实践上的差异。

2 调查结果

2.1 志愿者的岗前培训

志愿者在赴任前，接受了国家汉办为期40天的岗前培训。岗前培训主要提升了志愿者学科知识、职业技能和跨文化交际能力方面的胜任力；但由于时间限制和课程设置的问题，提升的程度有限。因此，志愿者在赴任前也意识到自己还有较大的提升空间。另外，不少志愿者接受培训后等待了半年才正式到岗，从培训结束到赴任的时间间隔较长。还有的志愿者在接受培训时的赴任国家为埃塞俄比亚和摩洛哥等国，但后期由于岗位调整而改派南非。由于埃塞俄比亚志愿者、摩洛哥志愿者与南非志愿者在接受培训时学习的外语语种不同，改派南非导致志愿者培训效果大打折扣。

2.2 志愿者基本教学情况

参与调查的志愿者中,周课时为8~12课时的占比46.67%,周课时为12~16课时的占比33.33%。以一周五天的工作日计算,大多数志愿者的日均课时量为2.3课时,较为合理。一个志愿者往往需要同时兼中小学和孔子学院自设课程,但任教机构以公立小学和公立中学为主,其中任教公立小学的志愿者占总志愿者人数的63.33%,任教公立中学的志愿者占比达到73.33%。教学对象方面,志愿者所教多为中学6~9年级的学生,占比70%。其他类型的学生从小学低年级到大学生、社会人士都有涉及。这些学生大多处于汉语起步阶段,零基础与初级学生占比达到96.67%。

由于教学对象汉语水平较低,且志愿者短期内不能熟练地学习和应用南非其他官方语言,教师仍以英语作为主要的媒介语。

2.3 志愿者赴岗期间的胜任力情况(自评)

为了解志愿者对自身胜任力的具体评价及随赴岗时间的变化,本文采用重复测量(repeated measure)检验处于不同阶段志愿者各板块评分之间的差异。结果显示,无论处于赴岗初中期还是后期,六大胜任力之间均存在显著差异 [初期: $F(5, 30) = 5.569, p < 0.005$; 中期: $F(5, 25) = 5.728, p < 0.005$; 后期: $F(5, 85) = 9.107, p < 0.001$]。

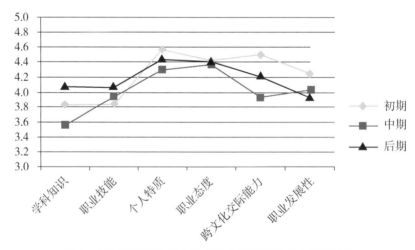

图1 处于不同阶段的志愿者六大板块胜任力自评平均分

由图1可知,志愿者对个人特质和职业态度的自我评价始终较高,这是因为汉语教师志愿者工作的特殊性要求被选派人群具有积极的人格特征和认真负责的态度。其中,初期志愿者对个人特质的评价最高,符合刚赴任时的实际情况和心理状态,即相信自己可以应对未来的工作。对职业态度的评价则在各个时期都趋于一致,表明志愿者在任职期内一直保持较好的职业态度。

学科知识和职业技能的自我评价较低,说明志愿者在汉语教学相关知识上相对不自信，存在提升空间。其中，岗位中期的志愿者对学科知识的评价最低，说明随着教学工作量的增加，志愿者意识到自己的学科知识储备不够，对自己的信心降低。职业技能的得分，从初期到后期呈上升趋势，说明志愿者在认识到自己汉语教学技能上有所缺失后，一直在努力提升并有了相应的进步。

跨文化交际能力三个阶段的评价差异最大，其中初期评价最高，到中后期明显降低。这说明刚赴任的志愿者处于文化上的"蜜月期"，认为自己具有较好的跨文化交际能力，可以应对在南非的各种情况。然而，随着任期深入，志愿者逐渐意识到现实差距，对自我的跨文化交际能力有了新的认识，自我评价降低。

职业发展性的评分趋势和职业技能相反，随着任期推移，志愿者对该板块的自信心逐渐下降。处于岗位后期的志愿者对该板块的评分最低，一定程度上显示出志愿者在任期结束时对未来职业发展的不确定与自我怀疑。

无论是初中期还是末期的志愿者，他们不自信的方面较为接近，均包含学科知识、职业技能和职业发展性，较自信的方面则为个人特质、职业态度和跨文化交际能力；但不同时期的志愿者对自身评价的侧重点有所不同。

2.4 优秀型志愿者与普通型志愿者胜任力对比

志愿者的自我评价显示，志愿者均能胜任当前教学岗位，但志愿者之间仍存在较大的个体差异。笔者对两名志愿者进行访谈，受访者基本情况如表 1 所示。

表 1 访谈对象基本情况

访谈对象	性别	学历	专业	任教时长	录音时长
A 教师	女	硕士研究生	汉语国际教育	10 个月	13 分钟
B 教师	女	本科应届毕业生	英语	12 个月	暂无①

根据访谈提纲，笔者对收集的录音和文字材料进行整理，对比分析了两名志愿者的异同。优秀型志愿者和普通型志愿者在对待汉语教学时，均具有较好的职业态度和个人特质，与前文调查结果相符。并且，两者都强调了跨文化交际能力的重要性，在承认自己外语能力还有提升空间的前提下，都认为自己具有良好的跨文化交际意识。二者的差异主要体现在职业技能和学科知识方面，这也是优秀型志愿者和普通型志愿者差距拉开的原因之一。

A 教师自身拥有才艺特长，对开展教学有较大帮助。

为开展元宵节活动，我为几个班的学生准备了节目，我们一起学唱了一首中国新年歌曲，并且编排成舞蹈……在学唱中，和学生的距离拉近了，学生也觉得汉语课很有意思。

---

① 因空间、地域限制，对该访谈对象的访谈以视频通话形式进行，录音保存较难，以笔者记笔记为主。

B教师没有相关才艺特长，在开展文化活动时总是需要借助别的老师的帮忙或者使用多媒体教具。

A教师对职业技能和跨文化交际能力较为看重。她强调：

> 我认为最重要的是要有一个开放和包容的态度去接受新事物，包括学生、当地文化等。
>
> 汉语本体知识、语言教学的方法和技巧、课堂管理的方法都是必备的。

在实际教学中，A教师能不断反思教学，及时改进教学方法。

> 我在刚到南非的时候，正好是狗年春节。为了增添课堂的趣味性，我准备向学生介绍十二生肖并且学习这十二个新词。以此我设计了两个课堂游戏——"拍苍蝇"和"萝卜蹲"。学生学习的时候很感兴趣，我一口气让他们学完了12个生肖的说法，然后玩了"拍苍蝇"。看学生们玩得很尽兴，我很开心，就让他们马上玩"萝卜蹲"。但是"萝卜蹲"的游戏规则比较复杂，我解释了很久，学生似懂非懂，又因为"萝卜蹲"每个人要说的台词太多了，这个游戏就失败了，全班一片混乱，学生也觉得非常无趣。

"萝卜蹲"游戏的失败促使A教师反思原因：一是对学生水平的错误估计，二是无法用简洁明了的外语使学生理解游戏规则。在进行反思后，A教师从两方面改进了游戏：引入"代币法"机制准确衡量学生的水平，并精简游戏规则和语言。经过改进，志愿者教学情况有了很大改善。

与A教师不同，B教师更关注思想层面的素质，对教学技能关注不够，且对自己的专业知识素养不自信，这与其非汉语教学专业背景有关。

> 在初期的工作中，还怀着一份新奇和无畏的态度去教学，对待学生觉得有一颗理解和包容的心就能解决大部分问题。随着课程的开展，面对不同年龄和环境的学生，突然意识到教学技能和经验的重要性，教学随之陷入瓶颈期。这段时间，我很迷茫，甚至害怕上课。通过请教其他老师，吸取他们的经验和方法，加上自己的反思，我重新开始思考自己的教学思路……

可以看出，B教师意识到自己职业技能上的缺失，并且产生了一定的心理压力。为解决该问题，她利用多方资源进行提升，但信心仍不足。

2.5 志愿者赴任期间的胜任力情况（他评）

为全面了解志愿者的胜任力情况，本文对志愿者所任教机构的校长、学校汉语项目的主管老师、汉语课程协调员以及孔子学院的中、外方院长等进行了问卷调查，包括对志愿者的六大胜任力的评价和工作建议，共回收有效问卷12份。

总的来说，任教学校对志愿者整体满意，对志愿者六大胜任力的评分都比较高（图2），与志愿者自评结果一致，同时也提出了一些有待改进的问题。校方认为志愿者最缺失的是课堂管理技能，其次为英语水平和跨文化意识，具体表现为"不能在课堂上处理问题学生"，"不能很好地接受不同的文化"。

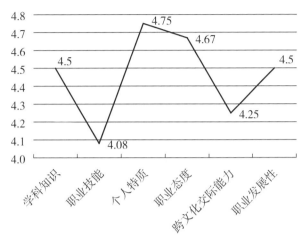

图 2 志愿者胜任力评分（他评）

一名课程协调员分享的经历显示出志愿者在跨文化交际方面存在的问题。

> 我们小学的汉语老师人很好，上课也非常有趣。在一次课上，她希望和学生拉近距离，所以在课前用南非荷兰语和学生打招呼，但是那个班所处为科萨语区，学生并不会说南非荷兰语，没有听懂老师的话。双方都觉得很尴尬。

在该事例中，志愿者希望利用南非本土文化拉近与学生距离的意图值得肯定，但是因为不够了解南非的多种族文化，反而给学生和其他任课老师留下不好的印象。由于跨文化交际能力的不足，主要是跨文化意识和英语水平的限制，志愿者不能很好地进行课堂管理，显示出职业技能的相对缺失，不利于志愿者跨文化交际能力的提升，产生一种不良的交互影响。

3 讨论与建议

基于前人的汉语国际教师胜任力特征模型（王静，2011；伍秋萍、卓肆、陈品延，2019），本研究以南非中小学汉语教师志愿者为研究对象，考察志愿者在海外不同生存阶段的胜任力情况。整体而言，南非中小学汉语教师志愿者可胜任当地教师岗位，且任教学校对志愿者的整体评价较高，但处于不同赴任阶段的志愿者在胜任力的各项子能力上表现出了较大的浮动。

第一，调查和访谈结果表明，学科知识和职业技能是汉语教师志愿者胜任海外教师岗位的最核心的能力，会随着实践经验的增长而有所提升，最终成为拉开优秀型志愿者和普通型志愿者差距的最重要的要素。赴任前，志愿者均对自己的学科知识和职业技能有所担忧，但这两项技能又是最易随着教学实践的积累提升的，这一结果与伍秋萍、卓肆和陈品延（2019）对国际学校实习生的调查相一致。对于学科知识，处于岗位初期的志愿者对汉语本体知识、教育学相关知识和中华文化信心不足，处于岗位中期的志愿者对中华文化的评分最低，说明在任教过程中，志愿者逐渐发现中华才艺的重要性和自身在该项上的不足，然而该项技能在短时间内很难改变。到任教后期，志愿者对汉语本体知识的评价较高，说明志愿者的本体知识经过近一年的教学实践后有了较大的进步。与此同时，职业技能也随着教学实践的积累有所提升，表现在课堂互动、激发学生学习兴趣和善于发现学生学习错误这三方面。从志愿者的教学性质来看，他们一般会被分配到非学分课初级班课程做任课老师，由于此类课程没有强制性的学习压力，老师可能花费大量时间精力来提升课堂互动和激发学生学习兴趣，以确保在课堂上调动学生的学习积极性，保持良好的教学效果。教育学者福勒和布朗（Fuller, 1969; Fuller & Brown, 1975）提出教师的职业发展有关注生存、关注情景和关注学生三个阶段。志愿者作为任教年限不足1年的新教师，更多地处在关注生存向关注情景过渡的阶段，从激发学生兴趣到发现学生的细节错误并加以纠正，其工作重心逐渐转移到提高教学工作的质量上来，但还没达到关注学生个体发展的水平，未能做到真正的因材施教，所以在处理个别问题学生的时候仍经验不足。

第二，个人特质和职业态度是志愿者从赴任初期到末期最自信、最稳定的方面。在自身的品质方面，被选派的志愿者拥有较为优秀和稳定的个人品质，这既是志愿者自身高素质的展现，也是南非汉语教学现状的客观要求。南非部分中小学教学基础设施一般，教学环境较差，志愿者需要保持乐观的心态面对较差的物质条件；南非中小学的汉语课程多为兴趣班，学生年龄偏小，这要求志愿者对学生保持和善与耐心，才能有效地推进教学的开展。在态度方面，志愿者对职业态度的自我评价始终较高，尤其是进入岗位中期和后期的志愿者，这与志愿者的特殊身份有关。志愿者在南非任教，不仅仅是汉语教师的身份，还是文化传播的使者，对外展示着中国人的形象，这要求志愿者具有高度的责任感。因此，志愿者应有意识地不断增强自身的责任心。

第三，海外环境是对志愿者跨文化交际能力最大的挑战，不仅出现了志愿者内部评价的不一致，而且跨文化交际能力也是校方认为志愿者最需要改进的板块。一方面，志愿者本身对自己的跨文化交际能力的评价并不低，尤其是适应差异和理解包容其他文化方面，志愿者认为自己能以积极的心态去适应新环境和理解新文化。然而现实的情况是，外语能力和跨文化沟通与解决问题能力的不足让志愿者有了一定的挫败感。随着任期时间增长，志愿者发现自己的外语水平不足以应对除日常交流外的更深入的讨论，对冲突情境的处理自信心不足。另一方面，任教学校对志愿者的跨文化交际能力的评分低于其他板块，认为志愿者对当地文化没有足够的了解，志愿者的英语水平和跨文化意识的不足导致了一些课堂管理问题没有得到很好的处理。由此可见，跨文化交际能力构成了海外汉语教师胜任力的重要影响因素，这也是汉语国际教师最有别于其他学科普通教师的一项重要能力。

第四，志愿者由于文化知识、职业技能、跨文化交际能力上的短板，对未来的职业发展性带来了负面的连锁反应，以至于到了任教末期出现了对职业发展的信心不足，没有清晰的、长远的发展目标。由于大多数志愿者是本科应届毕业生或在读硕士生，将汉语教师志愿者作为实习的一部分，因此在从事这份工作时，志愿者的重点仍是学业或是课堂本身，而不是未来的职业发展规划。值得庆幸的是，志愿者在教学反思和总结工作经验上一直给予自己较高评价，这不仅让志愿者逐渐转型为熟手型汉语国际教师，也能为其未来的职业规划奠定重要基础。最终选择在汉语国际教育事业上发展的中坚力量必定对这一行业有高度的认同和热爱。

综合以上的调查结果和任教学校的反馈，本文对诸如南非志愿者一类的海外汉语教师志愿者提出以下拙见：

首先，志愿者赴任前应利用好国家汉办的岗前培训，加强学科知识的储备和职业技能的训练，提前了解赴任国当地的文化背景和教学特点，尤其是加强当地语言和文化的学习，这有利于志愿者赴任后快速融入当地教学环境。赴任初期，志愿者更应主动了解学校文化，尊重和学习任教学校的规章制度，积极参与学校活动，加强与校内其他工作人员的联系，从而提高自身的跨文化交际能力，学习更多的教学和管理经验。

其次，志愿者在任教期间应均衡发展各方面的胜任力，保持清晰的自我认识和取长补短。一方面，志愿者应在个人特质和职业态度优势项上始终保持自信，谨记"志愿者"和"教师"的双重身份，保持对志愿事业的热爱，不因时间推移而减弱。更为重要的是，志愿者应在志愿服务期间"做中学"，努力提升学科知识和职业技能两大核心胜任力。例如，鉴于南非学生对运动和音乐的喜爱，志愿者可以努力提高自己相关的中华才艺并融入教学设计中。课后加强英语和当地语言、民族文化的学习，通过聚餐、郊游等活动与学生加强联系，既可拉近与学生的心理距离，也避免了课堂中不同文化的"张冠李戴"；通过教学反思不断精进教学方法，在趣味性与实用性上优化教学效果。另一方面，志愿者对自身的短板应予以足够的重视，加强跨文化交际能力，既保证对课堂管理的力度和灵活性，也保证课堂外自身与校方管理者在工作上的友好协调和更好地适应当地生活。这些能力的提升均有利于志愿者对职业的未来发展保持积极乐观的态度和长足的规划。

此外，任教学校作为志愿者教学服务的对象，亦有责任不断精进管理与培训，以期更好地在志愿者的助力下开展汉语教学。例如，任教学校可为初来赴任的志愿者提供实质性帮助，在任教学校的教职工大会上介绍志愿者的身份、工作范围等，邀请志愿者参加学校校庆、晚会等活动，加强志愿者作为任教学校一员的身份认同感和帮助其尽快融入当地教学环境。校方更是志愿者和家长、学生之间有效沟通的桥梁，帮助志愿者做好"教师—学生—家长"的联络，以确保教学顺利实施。同时，学校应充分发挥孔院特色和汉语志愿者的中华才艺，鼓励志愿者直接参与到日常的文化活动的设计与组织中，让志愿者的跨文化交际能力在实践中得到锻炼与提升。

4 结 语

本文以南非汉语志愿者为研究对象，探讨了不同任教时期的志愿者各项胜任力的状况。结果表明，志愿者对胜任力的整体自我评价及校方他评均较高，志愿者从业相关的个人特质和职业态度始终保持积极正向且稳定，个人的学科知识和职业技能两大核心胜任力在教学实践中得到显著提升，这也是拉开优秀型志愿者和普通型志愿者差距的最重要的要素。值得注意的是，由于外语能力和文化知识的不足，志愿者的跨文化交际能力出现短板，尤其表现在课堂管理的问题处理上以及课外与学生、校方、家长的交流无法深入。总的说来，本文对海外汉语教师志愿者的胜任力水平及其变化有了一定的了解，但本文仍存在一些不足。首先，本文仅调查了南非汉语志愿者，其结论未必适用于其他赴任国家，且每年赴任南非的中小学汉语教师志愿者数量有限，总体容量较小仍是客观存在的问题；其次，本文根据志愿者接受调查时所处的任期阶段将他们分为初期、中期和末期，缺乏对同一志愿者不同时期胜任力的追踪，不能对任期中志愿者胜任力的变化情况做纵向对比；最后，学生对教师的直接评价也应成为考察志愿者胜任力的重要标准之一，但由于学生年龄小、汉语水平较低、数量多且分散，不易作为调查对象，所以本研究缺少来自学生的评价。

参考文献

傅芳欣. 谈影响汉语国际推广中胜任力的重要因素 [J]. 科学大众（科学教育），2012（9）.
李党辉，尹逊才. 江苏语文特级教师教学胜任特征模型研究 [J]. 教学与管理，2016（18）.
刘银，李星. 英语教师胜任能力培养初探 [J]. 黑龙江史志，2009（4）.
彭建国，张宏宇，牛宙. 小学优秀教师胜任力人格特征研究 [J]. 教育导刊，2012（3）.
王静. 汉语国际教师胜任力研究 [D]. 广州：暨南大学，2011.
王昱. 高校教师胜任特征的结构维度 [J]. 高教探索，2006（4）.
伍秋萍，胡桂梅. 汉语二语者文化混搭性及文化适应的情感特征、影响与缓冲机制 [J]. 中国社会心理学评论，2017（1）.
伍秋萍，卓肆，陈品延. 全程见习培养模式下汉语国际教育硕士教师胜任力的发展 [J]. 云南师范大学学报（对外汉语教学与研究版），2019（5）.
夏伶. 教师专业化背景下语文教师能力构成及其自我培养 [D]. 长沙：湖南师范大学，2006.
赵婉莉，侯娟. 中学英语教师胜任力调查与分析：以陕西省关中地区为例 [J]. 价值工程，2010（31）.
朱晓颖. 小学教师胜任力的调查研究 [J]. 教学与管理，2010（15）.
FULLER F F. Concerns of teachers：a developmental conceptualization [J]. American Educational Research Journal，1969，6（2）.
FULLER F F, BROWN O H. Becoming a teacher [C] // RYAN K. Teacher education (74th Yearbook of the National Society for the Study of Education). Chicago：University of Chicago Press，1975.
MCCLELLAND D C. Identifying competencies with behavioral-event interviews [J]. Psychological Science，1998，9（5）.

伍秋萍，中山大学中文系，510275
wuqp@ mail. sysu. edu. cn
王香麟，重庆市巴蜀中学，400013
（责任编辑　张世涛）

越南岘港私立汉语培训机构教师专业发展需求调查[①]

阮氏山 刘 弘

摘 要：随着汉语教学在越南的快速发展，私立汉语培训机构的汉语教师人数不断增加。本研究对越南岘港的六所私立汉语培训机构的教师专业发展现状和专业发展需求进行了调查。研究发现，私立机构汉语教师来源复杂，个体差异较大，虽有一定的专业发展需求，但缺少必要的引导。本研究认为要提高私立机构汉语教师专业水平，需要从顶层设计入手，由外而内推动海外本土中文教师专业化水平的提高。

关键词：越南；私立机构；汉语教师；专业发展

近几年来，中国和越南的政治、经济、文化交流日益频繁，对汉语人才的需求呈现出爆发式增长态势。目前汉语在越南已成为仅次于英语的外语教学语言。尤其是在岘港、芽庄这样的旅游城市，由于中文导游已成为一种令人羡慕的高收入职业，直接推动了汉语学习者人数的快速增加。

越南高校中原本就有一定数量的汉语专业，近年来新开设汉语专业的高校又增加了不少。越南高校对教师质量要求较高，一般从事汉语教学的教师都有硕士学历，并且接受过专业教学训练。不过，由于汉语学习者数量庞大，很多地方都出现了私立汉语培训机构。与高校的汉语培训相比，私立汉语培训机构的学生素质参差不齐，师资来源也更为复杂，教师的教学水平和专业发展需求各不相同。

尽管学界对于越南汉语教学的相关研究数量不少，但对于越南汉语教学师资特点的分析和研究却很不足。大部分都是在对越南汉语教学现状进行介绍时，顺带提及汉语教师的来源、学历、教龄、课时量、待遇等问题（韦锦海，2004；吴应辉，2009；陈氏青然，2011；阮黎琼花，2012；王进，2013；易丽丽、阮琼花，2014；曾小燕，2015；黄氏清玄，2019；王海霞，2019；武清香2019）。仅有

---

① 本研究为汉考国际科研项目"国际汉语教师证书考试分级研究"（CTI2019C02）阶段性成果。

少数研究（阮文清、曾小燕，2016；阮英青云、陈永芳，2012；黄金环，2017）针对越南汉语教师开展了专项调查。由于大部分研究的调查对象都是越南高校的汉语教师，因此很多调查结果类似，如教师年龄偏大（30～50岁比例最大），性别结构差异明显（女多男少），学历较高（硕士学位占多数），教师工作量大、报酬偏低，导致教学积极性受影响等。虽然有少数论文（陈氏青然，2011；黄金环，2017）涉及教师培训、教师队伍建设等方面，但基本上都停留在高校教师如何实现专业发展上，几乎不涉及私立汉语培训机构的教师。

从世界范围来看，随着国际汉语教学的发展，在各种私立机构学习汉语的人数持续增加，教师数量也在快速增长。要想提高私立机构汉语教学的质量并开展有效的教师培训，对私立机构的汉语教师专业发展现状和专业发展需求开展调研是必不可少的。本研究选择越南岘港作为调研场域，考察岘港私立汉语培训机构中教师的专业发展现状和专业发展需求，以期为今后开展相关汉语教师的专业发展活动打下基础，推动海外汉语教学质量提升。

1 研究方法

1.1 研究对象

笔者选择了六所越南岘港的私立汉语培训机构（岘港华语中心、SALA华语中心、庆云华语中心、安然华语中心、朋友华语中心、BROADWAY外语中心等）作为研究对象。这六所机构都是岘港规模较大且较为知名的培训机构。针对上述机构的教师队伍开展调研的结果可以代表岘港私立机构汉语教师专业发展的一般情况。

1.2 问卷结构

问卷调查设计成5个部分：教师基本信息，教师教学情况，教学评估，教师素质和教师专业发展需求。设计问卷时参考了刘弘（2014：190）的教师发展调查问卷，并根据本次研究的具体情况做了修改。

1.3 问卷回收

2019年10月15日—11月15日，笔者以方便抽样方式给上述六家机构的任教教师发放了问卷。共发放问卷50份，收回有效样本46份。

2 结果与分析

2.1 教师队伍基本信息

岘港私立汉语培训机构教师队伍基本信息的调查内容主要包括年龄结构、学历、来源等方面，具体数据见表1。

表1 基本情况

基本信息	类别	人数/人	百分比/%
性别	男	4	8.7
	女	42	91.3
年龄	20～24岁	11	23.91
	25～30岁	21	45.65
	31～40岁	14	30.44
	>40岁	—	—
教龄	6个月以下	10	21.74
	6个月到1年	4	8.69
	1年以上到2年	12	26.09
	2年以上到5年	12	26.09
	5年以上	8	17.39

续表1

基本信息	类别	人数/人	百分比/%
学历	专科	7	15.22
	本科	27	58.69
	硕士研究生及以上	12	26.09
专业	中文相关专业	39	84.78
	非中文相关专业	7	15.22
HSK水平	HSK 4	1	2.18
	HSK 5	16	34.78
	HSK 6	18	39.13
	从未参加过HSK考试	11	23.91
教师来源	在校生	—	—
	大学汉语老师	9	19.57
	私立中心全职汉语老师	14	30.44
	公司职员	16	34.78
	政府机构公务员	1	2.17
	自由职业	5	10.87
	其他	1	2.17

本次调查结果显示，在私立汉语培训机构任教的绝大多数都是女教师（占91.3%）。尽管越南高校中从事汉语教学的也是女教师为主，但私立汉语培训机构中的性别差异更大。出现这种情况的主要原因是私立机构的汉语教师工作不稳定，待遇不太好。岘港作为目前越南最受欢迎的旅游城市之一，汉语人才很容易找到高薪工作。以导游为例，尽管工作较为辛苦，但收入可达私立汉语机构教师的3倍。因此会中文的男性更愿意选择导游一类收入较高的工作，而极少会选择在私立汉语培训机构当兼职或全职教师。

从调查结果来看，私立汉语培训机构教师都在40岁以下，相对比较年轻。其中占比最大是25～30岁的年龄段（45.65%）。这些教师已有一定的生活和工作经验，因此能胜任私立汉语培训机构教师的工作。

从教龄分布来看，占比最少的是6个月到1年的人群，仅占8.69%，明显少于其他教龄段的比例。访谈后发现，这与私立汉语培训机构教师入职特点有关。因为在私立机构任职的前6个月是"尝试"时间。此阶段机构会观察教师是否能胜任工作，教师也会自我评估是否可以坚持教学工作。6个月后，那些无法胜任的教师会离开机构，能力较强的则会留下来。因此会出现6个月到1年教龄的教师比例较低的现象。

私立汉语培训机构教师大部分具备本科学历，占58.69%，具有硕士研究生及以上学历的教师占26.09%。尽管比高校的教师学历水平要低，但是也可以看出私立汉语培训机构教师队伍的学历仍达到一定水平。汉语水平方面，大部分教师已通过HSK五级和六级考试。本次调查也发现有23.91%的教师从未考过HSK，而且部分教师的修读专业并非与汉语相关。由此可见，私立机构在专业背景上的要求并不高。另外，私立机构中全职教师比例较低，仅有约30%，剩余约70%的教师都是兼职，其中约半数（34.78%）的兼职教师是在公司工作。

2.2 教师教学情况

2.2.1 工作量

调查结果（图1）显示，教师每周课时并不是很多，大部分都在6节课以下（含）和7～12节课之间（合计占约60%）。这显然与兼职教师占比较多有关。

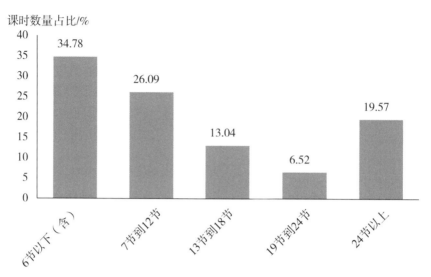

图 1　教师每周课时数量占比

2.2.2　课堂教学方法

本次调查从宏观和微观两个角度来考察教师的课堂教学活动。为了避免教学法流派的概念和术语对教师的"诱导",本次调查采用了描述教学过程,让教师自行判断的方法。问卷分别设计了"翻译法"(A)、"听说法"(B)、"交际法"(C)、"任务法"(D)四种情况,请教师做出选择,结果如表2所示。

表2　总体教学方法

选　项	比例/%
A.用母语授课,强调语法学习,课堂上主要教学活动为翻译和机械练习	36.96
B.教师讲述教学内容—示范—学生模仿、复述—反复口头操练	17.39
C.给学生提供和创造真实而自然的语言交际情景,鼓励学生用目的语进行交流,可容忍学生的一些语言错误	43.48
D.把学习内容设计成各种交际任务,学生通过完成任务进行学习	2.17

结果显示,选择C(交际法)的最多,占43.48%。私立汉语培训机构的教学对象大部分都因工作实际需要而选择学习汉语。因此,教师的教学方法也偏向培养实际运用能力,教学目的主要是提高学生的听说技能,让学生可以在日常工作中用中文进行交际。所以,教师在教学过程中主要选择的教学方法是交际法。占第二位的是A(翻译法)。访谈后得知,教师们认为翻译是一种比较有效的教学方法(他们的教材中也常有翻译练习),可以直接了解学生对汉语的掌握情况。此外,由于很多学生未来会从事导游、翻译等工作,因此教学中也倾向使用翻译法。

具体课堂活动的调研结果如图2所示。可以将调查结果分成三类。第一类包括问答练习、讲解课文内容、做课本上的练习,有70%以上的老师都选择这类课堂活动。第二组是小组讨论、情景对话、翻译课文,50%的老师都会使用这类课堂活动。第三组是复述课文内容、玩游戏、实际任务运用，使用这类课堂的活动的老师不到40%。从这个结果来看，教师常做的活动都是围绕着教材来设计和开展的（如问答练习、讲解课文内容、做课本上的练习），很少做一些教师需要花时间去准备的活动（如玩游戏、任务型活动）。这既与私立培训机构的教师教学观念有关，也与其教师身份、工作性质有关（如兼职教师一般备课时间有限）。

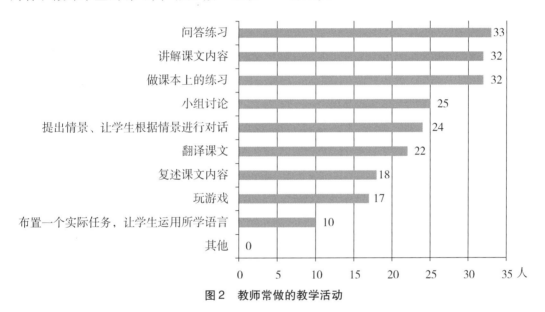

图2　教师常做的教学活动

2.2.3　教学反思情况

教师教学反思活动是促进教师专业发展的重要因素。调查结果显示，教师反思自己教学方法的频率较高（具体数据见表3），但反思方式却主要是"通过学生的反馈意见来反思"。研究者在实践中发现，越南学生在反馈教师教学效果问题时一般会回避敏感问题，不太愿意诚实回答或者指出教师的不足之处。因此，通过该方式反思自己的教学效果实际上难以得到有价值的反馈。值得注意的是，在反思方式的"其他"选项所收集到的回答，有的教师表明"不知道怎么反思"，或者只是"自己想想"。可见私立机构的汉语教师对于"反思"的含义其实并不太了解。实践中能真正进行教学反思的教师人数很少。

另外，有很多教师认为自己的教学方法在实施过程中常遇到的困难主要是"没有目的语环境"（表3）。表面看起来，这是在海外汉语教学中经常遇到的困难，但岘港是越南新兴的旅游城市，中国游客、中国餐厅、中国超市、中国企业数量非常多，完全可以给学生布置多种任务和活动。但很多教师仍然认为"没有目的语环境"，这反映出教师们并没有对如何解决教学中的问题进行充分思考。另外，有约10%的教师不能评估自己的教学效果，不知道教学过程中有什么困难（他们在"其他"选项中多回答"不清楚"）。

表 3　教师教学反思情况

问题内容	选项	比例/%
反思频率	一直反思	19.57
	经常	52.17
	有时	19.57
	偶尔	4.35
	从不	4.35
反思方式	写教学反思日记	8.70
	通过学生的反馈意见来反思	54.35
	通过与同事之间交流反思	21.74
	通过领导评价	4.35
	其他	10.87
教学方法实施过程中常遇到的困难	教学效果不如期望	17.39
	学生反应不好	21.74
	教学设备缺乏	4.35
	没有目的语环境来实施	34.78
	效果很好，没遇到什么困难	10.87
	其他	10.87

2.3　教学评估

调查发现，47.83%的受调查者认为自己的机构"通过教师自评、领导评价、学生评价等多种渠道进行评价"，有13.04%的教师认为机构主要通过对日常工作表现来评估教师教学，10.87%的教师认为机构通过考试成绩来评估教师教学，但也有28.26%的教师认为机构"没有制定评估标准"。研究者对岘港三家培训机构的负责人进行了访谈。结果发现，尽管表面上三家机构都有一些教学评估活动，但实际上并没有制定相关的评估标准。无论是对教师教学效果还是对教学质量的评估，都依赖于负责人的主观认定。访谈中，三家机构的负责人主要靠"自己的感觉"和"学生结业后继续在中心报名下一班的数量"来评估教师的能力。由于教师在私立汉语培训机构中大部分都是一个人一直负责一个班的教学，几乎没有机会与其他同事互动学习，因此对于自身教学质量的评估也是处于盲目的状态。由此可见，岘港私立汉语培训机构中的教学评估工作是不足的。

2.4　教师专业素质

2.4.1　教师专业知识与能力

为了了解教师对专业知识与教学实践能力的自我评估情况，研究者在问卷的第18题（我认为我具有丰富的专业知识与教学知识）和第19题（我认为我能够合理地安排教学设计与评价学生的学习效果）采用了李克特量表形式，要求受试者根据自己的认同度对所提出的问题从1至5进行打分（5分表示非常认同，1分表示非常不认同，以此类推）。调查结果表明，教师的自我评估值较高，平均值分别为3.87（标准差为0.8）和4.00（标准差为0.66）。这反映出参与调查的教师们对自身的知识与能力还是比较自信的。

有意思的是，第18题硕士及以上学历教师平均分为3.67（$SD=1.07$），本科学历教师平均分为3.94（$SD=0.69$）；第19题硕士及以上学历教师平均分为3.92（$SD=0.67$），本科学历教师平均分为4.03（$SD=0.67$）。也就是说，具备硕士及以上学历的教师自评得分低于本科学历的教师。

本次调查显示，教师阅读专业书籍与教育理论书籍的情况不是很理想。表面看起来，60.78%的教师选择"有时"阅读专业书籍，经常阅读的占34.75%，选择"很少"阅读专业书籍的仅有

4.35%。但是,如果深入考察教师们的专业阅读途径,就会发现其阅读方式主要是从网上查找("通过百度、谷歌"),占比达到91.3%,自己购买专业书籍和参加培训的比例都很低(两者均为4.35%),没有人阅读越南国内的汉语专业期刊或者中国的专业期刊。

专业阅读能丰富教师相关的理论知识,推动教师反思教学。尽管中国相关期刊和资源丰富,但由于越南私立汉语培训机构的教师既缺乏这方面的信息,也缺乏相关的下载途径,因此几乎不存在有效的专业阅读。

2.4.2 教师专业情感

总体而言,私立汉语培训机构教师队伍的职业情感比较正面。50.00%的教师对自己目前工作"感到自豪",仅有2.17%的教师觉得"自卑",不过仍有47.83%的老师选择"一般"的状态。对目前的教师工作,选择"非常有成就感"和"比较有成就感"的分别为32.61%和50.00%,合计超过了80%。而选择"一般"的仅有17.39%,没有教师选择"没有成就感"。

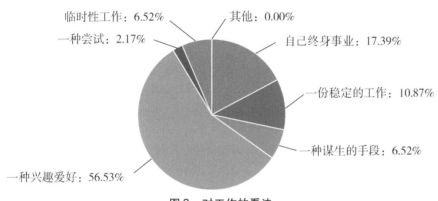

图3 对工作的看法

尽管大部分教师对汉语教学工作感到自豪,也觉得有成就感,但是选择"自己终身事业"的仅占17.39%,有56.53%的教师只把它看成一种兴趣爱好(图3)。

2.5 教师专业发展需求

2.5.1 教师职前培训情况及目前需要提高的方面

要了解教师专业发展的需求,首先要了解教师过去接受过的培训和将来教师希望参加的培训的情况。从调查结果来看,83%的私立汉语培训机构的教师在任职前没有受过任何专业的汉语国际教学培训,可见其专业化基础并不扎实。教师在选择自己哪些方面还不够好并需要提高时,选"课堂管理知识"的最多,占第一位,之后是"中国文化知识"和"教学方法"(图4)。

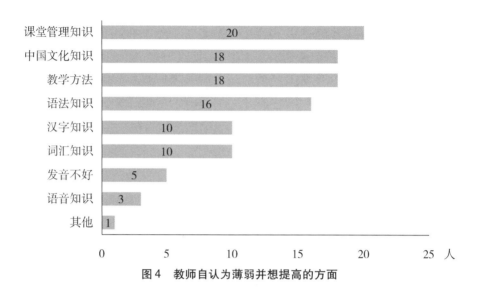

图 4　教师自认为薄弱并想提高的方面

2.5.2　选择培训形式需求

调查结果显示，85%的教师都想边工作边学习，愿意脱产进修的仅有15%。在进一步了解教师对不脱产学习方式的选择时，发现教师多倾向于"自学"形式，其中选择业余时间通过网络自学的比例最多（47.83%），随后是业余时间读书自学（30.43%）；利用假期或者周末参加培训的选择率都很低（图5）。

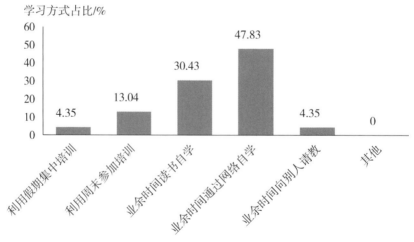

图 5　教师不脱产学习方式的具体选择

为了进一步了解教师们的自学情况，本文作者对部分教师进行了访谈。结果发现，很多教师通常是在无法回答学生提问时，才上百度、谷歌来查找资料。相当一部分教师不知道怎么判断资料的质量。很多教师说不出该读什么专业书，他们的"中文"专业书籍基本就是以往学习中文时的教材。部分教师甚至没有汉语词典（无论是纸质版还是电子版），要依靠百度来查询词汇的用法。可以看出私立机构汉语教师的自学缺乏方向，质量很低。

值得注意的是，虽然多数教师表示愿意自学，但当问到"提高自己教学方法和教学技能的有效途径"时，选择"自主学习"的仅占 4.35%，而认为教师之间交流讨论与观摩优秀教师的课是更有效的提升途径（分别为 36.96% 和 30.43%），还有 26.09% 的教师认为听讲座了解新的教学方法是较为有效的提升途径。

2.5.3 机构对教师专业发展的政策

调查结果显示，目前岘港私立汉语培训机构对教师专业发展的重视不够，其中 43% 的教师认为机构既无计划，也没有考核奖励政策；33% 的教师认为机构有计划，也有考核奖励；另有 24% 的教师认为机构有计划，无考核奖励。如果联系前面的教师评估问题，可以发现，由于缺乏必要的考核标准，导致教师无法评估自己的教学效果，教师对自身的教学状态全凭感觉，很容易满足于现状。同时也因为缺乏奖励机制，教师自我发展的动力也不足。

调查结果反映出教师对自己专业发展有较高的目标：想成为优秀的汉语教师占 47.82%，居第一位；第二位是成为具有研究能力的优秀汉语教师，占 36.96%（图6）。

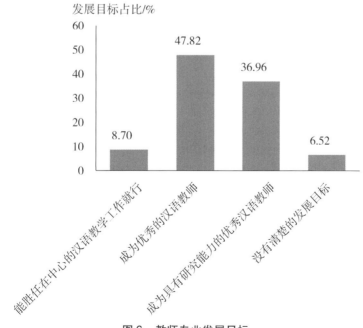

图6　教师专业发展目标

在了解教师是否愿意参加所在机构举办的培训学习活动时，65% 的教师表示非常愿意，会积极参加；选择"比较愿意"的为 22%；还有 13% 的教师选择

"无所谓"。总体而言，私立汉语培训机构的教师对参加专业培训活动是有一定需求的。

2.5.4 影响教师专业发展的因素

虽然私立汉语培训机构的教师对专业发展有较明确的目标，也较愿意参加机构举办的培训活动，可因工作的特殊性（如大部分是兼职），因此遇到不少阻碍和困难。调查结果显示，目前影响私立汉语培训机构教师专业发展的因素主要是家庭原因，占41.30%；其次则是教师"不知道该如何提高"，占21.74%；占比例最低的是动力不足（13.04%）、教学工作量过重（6.52%）和其他（2.17%）（图7）。私立机构的大部分教师都是女性，越南传统观念认为女性要以照顾家庭为主，加上私立汉语培训机构的教师社会地位也不高，因此家庭才会成为影响其专业发展的因素。除此之外，还有不少教师处于迷茫状态，他们不知道如何发展，也缺乏专家的引领。

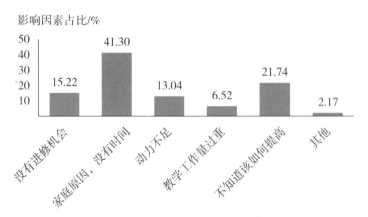

图7　影响教师专业发展的因素

3　小结与建议

本次研究运用问卷调查的方法，结合访谈和实地考察，了解了越南岘港私立汉语培训机构中的教师专业发展情况。

3.1　调查结果

（1）私立汉语培训机构的教师来源较为复杂，有相当多的非专业人士在从事汉语教学工作。很多教师没有接受过正式的教学培训，教师依赖个人经验开展汉语教学，教学观念和教学行为仍较传统。

（2）教师群体内部个体差异较大。岘港私立汉语培训机构的教师队伍总体较年轻（均为40岁以下）。调查中大部分的教师自认能胜任教学工作。但由于学历、经历和教师身份（专职/兼职）的差异，不同的教师对于专业发展的需求和目标差别很大，教学反思的层次和质量也各不相同。

（3）教师们对于专业发展的意愿较强，但缺乏引导。虽然很多教师认识到自己还有不足，但受到多种因素影响（如女性教师家庭负担较重，兼职教师专业学习时间不足，也不了解如何提高教学能力等），实际接受的专业训练很少。很多教师声称喜欢自学，但也意识到自学效果不好。由于缺乏专家教师的引导，很多教师不知如何提升专业水平，对专业发展的方向相当迷茫。

（4）私立汉语培训机构对教师的专业发展重视度不高。各机构普遍没有建立系统的教师评估、考核标准，也没有明确的奖励政策。对教师的评估主要依靠机构负责人的主观感觉。

总体而言，岘港私立汉语培训机构的教师专业发展现状可以概括为两个不足：一是内驱力不足，二是外部动力不足。

所谓内驱力不足就是教师自身专业发展的动力不足。越南人一般认为在公立学校任教的是真正的老师，而在私立机构任教的只是为了谋生、赚钱。相当多的教师没有打算在这些机构长期工作下去。而且很多女性教师家庭负担较重，缺少从事专业发展活动的时间和精力。这对于提升海外中文教学质量显然是不利的。

所谓外部动力不足是指如培训机构等并没有给教师专业发展很大的推动力。对机构来说，他们关心的只是招生情况。因为他们对教师的评价集中在能否保证学生继续求学或者能否保证学生顺利通过考试等现实因素。对机构来说，能否盈利是他们首先要考虑的因素，大部分私立汉语培训机构没有足够的动力来为教师专业发展创造条件或者提供资助。

3.2 建议

从全球范围来看，岘港私立汉语培训机构的教师专业发展问题是有一定代表性的。本次调查为后续开展相关教师培训奠定了基础。但同时我们也发现，要推动海外私立机构的国际汉语教师专业发展，不可能完全依靠教师个人的意愿，而需要从顶层设计入手，借助教师资格认定制度和机构质量保证体系建设，双管齐下，由外而内来推动教师专业化水平的提升。为此，我们提出以下两条建议。

（1）推动和深化"国际汉语教师证书考试"本土化工作的开展。

由于私立机构中汉语教师专业发展的内驱力不足，因此有必要借外部刺激（如"国际汉语教师证书考试"）"以考促学"，推动教师专业发展。但现有"国际汉语教师证书"中面向海外考生的本土版考试，对教师的知识和能力要求较高。在私立汉语培训机构任教的兼职教师较难通过这一考试。考虑到这类兼职教师在海外中文教学中其实占有相当比例，我们认为需要研发分级认定方式。比较容易操作的方法是对现有"国际汉语教师证书"的海外本土版考试进行必要的分级。从本次调查结果来看，至少可以分成三类。第一类是"初级"资格证书，适用于短期教学或者兼职教师。这类证书对于 HSK 水平要求不高（如四级即可），获得证书的方式可以是网络学习，主要是学习语言教学的基础知识，最后的教师评估围绕着培训内容进行。这样的好处是适当降低了门槛，在保证教师数量的基础上保证了教师质量，也为有志于从事汉语教学的人士提供一个入门级别的专业发展目标。第二类是"中级"资格证书。这一等级可用现有本土版证书来替代。考试时需要严格按照国际汉语教师标准命题。对海外教师来说，获得该级别的证书需要有相对比较完整的学习经历，也意味着可以胜任正规的汉语教学工作。第三类是

"高级"资格证书,所谓的"高级"意味着教师不仅具备教学能力,也能从事课程开发、教材编写、组织培训等。也就是说获得"高级"证书意味着该教师已经是一名"教师教育者"(teacher educator)。通过这样一个证书体系,为不同阶段的教师设定专业发展目标,以内部动力来推动教师专业发展。

(2)推动开展海外汉语培训机构的认证工作,借助标准认证体系推动教师专业发展。

从世界范围来看,私立的汉语培训机构是国际中文教育的重要组成部分,他们对于教师专业发展活动的支持情况直接决定了教师专业发展的质量。因此,对世界各地的私立汉语培训机构进行必要的质量管理是十分必要的。从国际教育(International Education)的经验来看,利用"标准认证"来规范汉语培训机构发展是一种较为有效的普遍方法。作为中文教育的母国,我们应该建立一套"汉语教学机构认证体系",以此来规范和引导海外汉语培训机构的发展。我们可以将教师专业发展情况(如拥有教师资格的人数、开展教师专业发展活动等)列入相关认证标准,然后通过文件审查和现场审核,考察这些汉语培训机构对于教师专业发展的支持情况。通过这一外部动力,推动私立机构重视汉语教师的专业发展问题。

参考文献

陈氏青然.越南胡志明市高等院校汉语教育现状调查[D].南宁:广西大学,2011.
黄金环(HOANG Kim Hoan).越南北部地区师范大专汉语师资队伍建设研究[D].南宁:广西大学,2017.
黄氏清玄(HOANG Thi Thanh Huyen).越南顺化外国语大学汉语教学调查研究[D].昆明:云南民族大学,2019.
刘弘.对外汉语初任教师实践能力发展影响因素研究[D].上海:华东师范大学,2014.
阮黎琼花.越南河内高校汉语教学现状调查[D].长沙:湖南师范大学,2012.
阮文清,曾小燕.越南高校汉语师资现状分析[J].华文教学与研究,2016(3).
阮英青云,陈永芳.越南职教师资队伍建设存在的问题与对策[J].中国职业技术教育,2012(12).
王海霞.越南岘港外国语大学汉语教学情况调查研究[D].西安:陕西师范大学,2019.
王进.越南的汉语教学[J].首都师范大学学报(社会科学版),2013(S1).
韦锦海.越南高校汉语教学的现状[J].广西民族学院学报(哲学社会科学版),2004(5).
吴应辉.越南汉语教学发展问题探讨[J].汉语学习,2009(5).
武清香.当下越南高校汉语教学现状刍议[J].枣庄学院学报,2019(3).
易丽丽,阮琼花.越南河内汉语培训机构发展状况[J].东南亚纵横,2014(8).
曾小燕.越南汉语教学发展的现状及问题探讨[J].东南亚纵横,2015(5).

阮氏山,刘弘(通讯作者),华东师范大学国际汉语文化学院,200061
liuhong@hanyu.ecnu.edu.cn

(责任编辑 张念)

疫情下对外汉语新手教师和熟手教师线上教师角色认知的对比研究

翁菁雨

摘　要：2020年COVID-19席卷了全球，给社会各行各业带来了巨大的变化，其中包括对外汉语教师行业。为了深入探究新手型教师和熟手型教师对线上汉语教师的角色认知，本文以二语教师角色认知理论为框架，选取海外汉语教师作为研究对象，采用叙事法对比分析新手型汉语教师和熟手型汉语教师对线上汉语教师角色中教学角色、管理角色、社会角色、技术角色认知的共性特点和不同特征。最后，本文以线上语言教师的"技能金字塔"为理论基础提出线上汉语教师应呈现出多元动态和多样性的特征，并认为新手型线上汉语教师需提升线上汉语教师管理角色和社会角色的认知和实践水平。

关键词：疫情；对外汉语教师；新手型教师；熟手型教师；角色认知

1　研究背景

关于线上语言教师角色的研究，国外学者Senior（2010）认为，相比于传统课堂上的教师，线上语言教师所承担的角色更加复杂，更具有动态性。Siemens和Matheos（2010）指出线上语言教师的角色经历着巨大变化。线上语言教师角色不是控制课堂而是塑造和影响课堂。Hampel和Stickler（2005）提出了一个完整的线上语言教师技能金字塔理论。技能金字塔的7个关键能力包括基本信息交流能力（basic ICT competence）、具体软件技术能力（specific technical competence for the Software）、克服媒体局限和开拓媒体潜能能力（dealing with constrains and possibilities of medium）、线上社交能力（online socialization）、推进交流互动能力（facilitating communicative competence）、创新和选择能力（creativity and choice）和个人风格（personal style）。

国内研究者对第二语言教师角色和线上教学角色进行了分类和具体的解释。刘路（2017）从社会心理学方面对第二语言教师的角色进行了划分。教师的角色可划分为理性角色（期待角色）、实践角色、领悟角色（认知角色）[①]。胡勇（2014）提到学者Berge将线

[①] 第二语言教师的实践角色指的是个人在社会互动中实际表现出来的角色领悟，认知角色指的是教师基于课堂教学实践对期待角色的认识与理解。

上教师的角色类型分为教学角色、管理角色、社会角色和技术角色四大类别。胡勇（2014）总结出线上教师的教学角色主要是设计、组织教学活动，提供教学内容和信息；管理角色指的是与学习环境有关的组织、程序和管理性任务；社会角色涉及建立友好的环境和形成社区感；技术角色是教师有效利用信息技术开展远程教学。张群芳（2015）认为对外汉语任务型教学中的教师角色应当是学生需求的发现者、学习动机的激发者以及任务完成的支持者。自 2020 年疫情爆发以来，国内出现了关于疫情对线上教师角色影响的研究。王健（2020）认为线上教师的角色应当多元化，教师的素养应当提升转型。汪磊、魏伟（2020）认为高校大学生线上课堂以学生自主学习为主的趋势逐渐显现。线上课堂互动是教师需要关注的方面。郑立平（2020）提出教师需要警惕角色定位中的异化和错位。程远东、姚波、王坤（2020）则明确提出防疫背景下教师应当做好在线教学的三个角色：一是疫情宣传员，二是课程设计者，三是课堂守护人。

然而，国内外学者并未对新手型教师和熟手型教师线上汉语教学课程中的角色认知和适应的具体情况进行探究。不同类型的汉语教师对线上语言教学课程和教学效果的看法如何？新手型教师相比于熟手型教师在教育技术使用方面是否更有优势？新手型教师和熟手型教师对线上汉语教师的教学角色、管理角色、社会角色以及技术角色四个方面的认知和实践有什么相似之处和不同之处？线上汉语教师如何完善个人线上汉语教学中的角色？本文的研究对疫情下短期线上汉语课堂实践和长期线上汉语教育发展具有一定的意义。

为了探讨以上问题，本文在国内外学者对线上语言教师研究的基础上，以社会心理学理论对二语教师认知角色的划分和 Berge 对线上教师角色的具体解释为基础，利用质性白描手法对疫情下新手型教师和熟手型教师对线上汉语教师的角色认知和实践进行对比分析。最后，本文以 Hampel 和 Stickler 线上语言教师的技能金字塔理论作为基本框架，对线上汉语教师角色认知的提升提出相关建议。

2 研究设计

2.1 研究对象

为了缩小研究对象范围，本文选取了 4 位当时在英国和美国的汉语教师作为访谈对象。研究对象分别为：新手型教师 L、新手型教师 Z、熟手型教师 L 和熟手型教师 D。

表 1 被访问汉语教师的基本信息

汉语教师	教学地点	教学对象和内容	教学经验
新手型教师 L	美国纽约市	5 年级儿童汉语兴趣课	3 个月海外教学经验
新手型教师 Z	英国兰卡斯特市	成人兴趣课	2 个月海外教学经验
熟手型教师 L	美国波特兰市	6、7、8 年级汉语学分课	5 年以上海外教学经验
熟手型教师 D	英国伦敦市	成人兴趣课	5 年以上海外教学经验

2.2 研究方法

为了从具体特殊的角度进行研究，笔者通过深度访谈的研究方法，对两类教师对线上汉语教师的教学角色、管理角色、社会角色和技术角色认知的相同点和不同点进行分析研究。

笔者按照预先设定的问题大纲，对每位汉语教师进行35～50分钟的电话访谈，在采访过程中记录笔者对各个教师在不同角色中体现的特征进行评价并形成备忘录。访谈主要围绕三个方面进行：教师的教学经验等基本问题，教师原本对教师角色的认知以及在教学实践中的体现，教师在线上汉语教师角色适应过程中的应对策略。访谈的内容大致如下：被访谈教师的教学对象、到访谈时间为止的线上教学时长以及线上和线下的教学经验；教师对线上汉语教师角色的理性认知，例如"疫情下的线上汉语教学之前，您认为线上汉语教师会担任什么样的角色？"；在线上汉语教学实践过程中，教师如何利用网络技术平台进行汉语教学、教师的教学方法是否在线上教学中有所调整、教师是否利用社交媒体等教育技术手段管理整个线上汉语课程；在线上汉语教学的过程中，教师在整个汉语课程的教学中遇到什么样的困难和挑战，教师采取怎样的应对策略。另外，笔者也会根据教师的回答提出相关问题，以便于让被访问者更深入地分享其教学经验。

在访谈结束之后，笔者将访谈录音转换成文字材料，利用 Nvivo 11.0 软件对文字材料进行三级编码，并分类归纳新手型教师和熟手型教师的相关属性。最后，笔者结合每位教师的备忘录内容形成关于两类汉语教师的角色类型研究分析的主题框架。

3 线上汉语教师角色认知的对比研究

3.1 共同特点

3.1.1 教师转变为线上汉语课堂的"主播"

从教师的教学角色方面来看，教师在线上汉语教学的过程中成了"线上主播"，即线上汉语课堂成为以教师讲解为中心的模式。汉语教师在线下的教学活动中通常是语言学习者的训练者、协助者，而在线上汉语教学的课堂中，汉语教师逐渐成为主体。在教学角色转变的参考点中，新手型教师出现了9个参考点，熟手型教师出现了11个参考点。

> 我觉得不管是对整体学生还是个别学生的关注度会比以前下降。然后大部分时间我觉得像是一个人的表演。（新手教师 L）

> 我发现我一个人在对大家讲，下面没有任何的回应，只有我一个人在讲课。（新手教师 Z）

> 我一直说得喘不过气来，我怕冷场，我沉默了会尴尬。（熟手教师 D）

> 有的时候我觉得我自己在唱"独角戏"。（熟手教师 L）

尽管教育技术让学生成为学习的主体，但由于线上课堂的氛围比较沉闷，为了调动线上课堂气氛，教师讲解的部分有所增加。

3.1.2 教师难以成为线上汉语课堂的"有效管理者"

从教师管理角色的方面来看，传统课堂中教师作为管理者角色的权威在线上课堂中被削弱。在教师的管理角色转变的参考点中，新手型教师出现了13个参考点，熟手型教师出现了8个参考点。例如，教师如何在线上集中学生的注意力就是一个问题。

> 最大的问题就是因为本来线下的时候，学生的课堂集中度就比较低，到了线上这个问题会更加严重。可能出现我一个人在讲，然后所有的学生都在做他们自己的事情。（新手教师L）

由于网络教学缺乏面对面的交流，教师作为课堂活动组织者的角色受到挑战。教师无法像在传统课堂上有效地组织学生进行课堂口语操练活动。

> 我想当时可能是线上他们会不好意思开口，因为大家都能很清楚地听到他在讲话。就是可能线上听得太清楚了，他们有的会撒谎，他们会说他们的麦克风坏了。但是我能听到他按键盘的声音，所以他在撒谎，他不想说话。（熟手教师D）

教师作为汉语课程活动规划者的角色也遇到了一定的挑战。教师难以调动学生线上汉语课堂的积极性，难以有效管控整个线上汉语课程的进程。

> 如果我把录音发给他们的话，就是可能我的学生觉得只要听这个就够了，他就不来上课。然后有的就会开始偷懒，说："哎，这个星期我不听，我之后两个星期再听那个音频吧。"到最后什么都没有学到……人总是比较懒的，都会偷懒的。我知道虽然是成人，他们还是不能够自律，还是得过来上课，我觉得。（熟手教师D）

由于缺乏物理环境和教室文化氛围的依托，任何年龄段的学生在线上课堂上的专注度、课堂参与度都有所降低。

3.1.3 教师难以成为线上汉语课堂的情感沟通者

从教师社会角色的方面来看，相比于传统课堂，在线上汉语教师更难成为师生之间情感的沟通者。在教师社会角色转变的参考点中，新手型教师出现了12个参考点，熟手型教师出现了14个参考点。

> 我觉得不管是语言教学还是其他的教学，教学是一种需要情感交流的活动。线上的话你就很难感知到学生、听者的心情，以及他细节上的回应，等等。所以你们的情感联系会变得弱，对知识的接收也会比线下打很多折扣。（新手教师Z）

> 学生的肢体语言信息在网上没有了。以前他们都不用说什么，我就从他们的表情中看出他们明白了没有。但是现在你不能通过学生的反应，他们面部的反应来一下子体会到他们有没有懂。（熟手教师D）

> 线上不同的是你无法有面对面的，一些表情的接触或者是肢体的接触，来判断学生对于你所教授的内容反应是如何的。（熟手教师L）

由于线上视频涉及个人隐私问题，在没有视频的情况下，肢体语言的匮乏使得线上汉语课堂中师生之间和生生之间的情感纽带都有所减弱。

3.2 不同特点

3.2.1 熟手型教师在管理角色中对学生的引导意识较强

熟手型教师意识到教师是线上语言课程学习的引导者。熟手型教师并未过多受到学生在网络课程中消极态度的影响，而是以教师为"主导"角色调动学生的积极性，管理学生的情绪。

> 我觉得不管是线上课堂还是面授课，教师扮演的角色始终应该是引导学生来学习，并且给予一定的方法和指导吧。……在美国，一个比较特殊的情况就是你要想办法让学生跟着你走。（熟手教师 L）

熟手型教师是线上汉语课堂良好汉语语言文化环境的管理者和创设者。熟手型教师意识到自己不仅是一名语言教师，而且她们都认为自己是线上学习群的"管理秘书"。熟手教师 D 会利用 What's up 社交软件媒体建群，分享主题交流活动的话题。然而，新手型教师则将注意力更集中在课上的教学设计，并利用社交媒体建立语言文化环境。

> 我有四个班，一个大群就是四个班的学生全部都在里面。像今天我会给他们发一个主题。今天的主题是"学习进步"。他们可以发任何的学习资料，或者是推荐学习 APP 都可以，就是要展示他们学习认真，有进步。其他主题有中国歌曲或者电影，还有中国艺术、中国文化之类，就是不同的主题。然后他们可以在群里互动。我一般都会发一些问题，比如说，如果今天的主题是词汇，然后是关于水果的词汇，我会问他们喜欢吃什么水果……平时他们接触不到中文，我就是创造这个语言的环境。（熟手教师 D）

熟手型教师成为学生群体之间亲密关系的建设者。熟手型教师利用教育技术建立起学生之间的社区群体感，缓解学生的压力，有助于学生之间形成较为亲密的关系。熟手型教师会让学生在 Google Classroom 里公开发表自己对课堂的感想。

> 他们把作业提交到上面。不仅是做作业，你可以在上面分享一些文件、视频，还有一些想法吧。比如说我今天上课很开心，你也可以上传或发布自己的想法。这个其实就是一种感觉，是学生和学生之间、学生和老师之间互动交流……就是营造那种感觉，就是虚拟课堂嘛。（熟手教师 L）

教师创造的线上"虚拟课堂"和"营造的感觉"体现出熟手型教师对线上汉语教师的社会角色较深的认知程度以及较为熟练的角色实践。

3.2.2 熟手型教师能满足学生个性化的需求

在社会角色方面，熟手型教师能够根据学生的学习情况和需求为学生制定学习计划。由于受到家庭环境的影响，熟手教师 D 的个别学生的汉语学习在时间、空间和教学资源的利用方面都受到一定的阻碍。因此，熟手教师 D 会针对不同方面的问题为学生尽力提供教学资源。

> 我想先录课给他们听，这样他们等孩子睡觉的时候也可以听，时

间比较灵活……然后我可以三五个人组成一个小组辅导他们对话。（熟手教师D）

熟手教师L也会用Flip Grid软件录制课后视频、音频以及分享课堂PPT给不能完成学习任务的学生。

3.2.3 熟手型教师善用社交技巧

熟手教师L还会考虑到学生的实际能力、个人要求以及学生的心理情绪，对学生的作业进行反馈和评价。

> 语言这个东西真的不是你一个人能完成的，而且现在语言学习等于自学的情况下，这挺艰难的。我就会给他们更多的时间，或者告诉他们：如果你实在完不成，你告诉我你的目标是什么，你能完成多少。我再来根据你给自己制定的目标来决定要不要给你这个学分。（熟手教师L）

可见，熟手型教师善于管理学生的学习进度并能使用社交技巧与学生协商，从而为学生提供个性化的服务。

> 因为在美国大家都比较习惯跟自己比较，自己的能力是多少，我就布置多少作业。就是你只能跟他们慢慢沟通，不能说"你不写完这十道题，我就不给你这个学分"。这样的话是不利于师生关系的发展的。（熟手教师L）

良好的跨文化交际能力和较为纯熟的跨文化社交技能体现出熟手型教师对线上汉语教师在社会角色方面具有较强的实践能力。

3.2.4 新手型教师专注线上语言教师的教学角色

新手型教师的主要精力集中在教学角色方面，例如使用什么教学方法能够使线上语言教学有效、有趣并富有创意。这是新手型教师较为突出的特点。

新手教师Z积极探索ZOOM线上平台上的"信息差"互动游戏，从而将线下的语言教学方法搬到线上来。

> 我现在其实还是在考虑，因为这跟这个平台技术有关。之前我没有发现这个ZOOM有这么个功能。比如说你在上面是可以单独给某一个学生发消息和文件的。（新手教师Z）

新手教师L能够在外部环境条件的支持下，通过自我思考、细心备课以及各种教学方式不断调节课堂氛围。

> 氛围上就是老师比较强调说一定要有那种非常活泼、非常激情的氛围。这个我们就主动做了很多试讲来训练自己，在学生面前打造一个非常好的、那种激情的讲课状态。氛围营造上也还可以。（新手教师L）

4 基于技能金字塔理论对线上汉语教师角色认知的建议

由于在当地经过教育技术方面的培训并有一定年限的课堂实践经验，熟手型教师对于线上语言教师角色的认知更全面。相比于新手型教师，熟手型教师能灵活多样地在教学中运用线上教育教学技术，在线上语言教师的管理角色和社会角色方面也有更多的实践经验。本部分结合理论和前文的研究结果，提出关于线上汉语教师不同角色进一步改进的相关建议。

4.1 Hampel 和 Stickler 的技能金字塔理论

线上汉语教师的教学角色、管理角色、社会角色以及技术角色的地位无高低之分，但有层次之别。疫情下线上汉语教师的角色应当是多元、灵活、动态、融合的。Hampel 和 Stickler 的技能金字塔理论（图1）为线上汉语教师在各类角色应做出的改进方面提供了参考。

Hampel 和 Stickler 的技能金字塔是第一个关于线上语言教师教学最完善的理论框架。各层级线上语言教师的能力与线上语言教师的四个角色内容相对应。线上语言教师的技能金字塔理论最低的三个基本的层级与教师基本的教育技术操作能力有关，即与线上语言教师的技术角色对应；第四层级"线上社交能力"和第五层级"推进交流互动能力"则与线上语言教师的教学角色相关；与线上语言教师的管理角色和社会角色相对应的是第六层级"创新和选择能力"和第七层级"个人风格"。

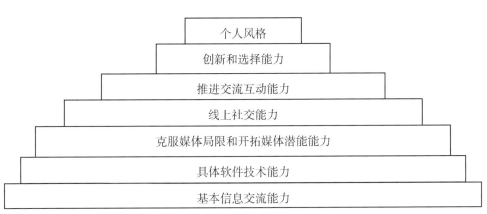

图1 技能金字塔（Hampel, Stickler, 2005）

4.2 关于线上汉语教师技能提升的建议

4.2.1 线上汉语教师的技术角色

技术角色是线上汉语教师其他角色体现的基础。从教师的技术角色来看，线上汉语教师应是线上多媒体汉语教学资源技术的开发者。除了熟练使用基本网络硬件设施以外，线上汉语教师应探索当今网络互动平台中的新用法。ZOOM 线上会议和 Google Classroom 是教师常用的教育技术软件。线上汉语教师应当多元化地运用和探索软件的多种功能，为学生营造良好的汉语学习交流环境。

4.2.2 线上汉语教师的教学角色

从教师的教学角色来看，线上汉语教师应是互动式网络课程的设计者和个性化语言教学的实施者。疫情使海外的中小学汉语教师首次面临线上教学的巨大挑战。线上汉语教师在设计线上汉语课程时应当摆脱"主播"这种单项传播的教学形式,应以学生线上语言交流互动作为课堂的主要教学模式。因此,汉语教师需要研究如何利用网络线上平台等资源进行有效的语言教学。例如,如何使用线上平台分组技术组织学生进行语言操练活动。

4.2.3　线上汉语教师的管理角色

从教师的管理角色来看,线上汉语教师应是社交媒体群的"管理员"、线上学习氛围和文化环境的创设者,以及课程整体的协调者。

疫情之下,尤其是针对在校汉语学习者的线上同步汉语课程,线上汉语教师可以通过线上留言板的文字、图片、语音以及视频等多媒体手段,定期发布中文主题讨论的内容公告,给学生创设汉语语言文化环境和班级汉语学习氛围。同时,线上汉语教师应当制定课上分组群和讨论群的规章制度,担任好管理员的角色。

根据本文的研究调查,任何年龄段的学习者在疫情期间的线上汉语学习都遇到挑战,如家庭的网络中断从而导致网课的效果不佳,家庭氛围影响汉语学习的进程,以及学习者个人缺乏自主学习能力等一系列问题。因此,教师应当了解学生周围的不确定因素,并为课上和课下的语言学习做好协调工作。

4.2.4　线上汉语教师的社会角色

在疫情之下的线上汉语教师也应是学生之间情感的联结者、心理问题的咨询者以及社区群体感的维护者。网络课程缺乏面对面的交流阻碍了学习者之间的情感交流,使得学生之间的亲密感降低。线上汉语教师可以通过微信、脸书等社交媒体平台建立班级群和学生讨论区,从而加强学生之间的联系和沟通。

疫情期间的社交疏远也使学生在线上的学习过程中产生一定的焦虑,同时也面临着一定的心理压力。教师需适当调整学生的学习任务,减少学生的学习压力。由于疫情持续时长的不确定性,线上汉语教师需要调整学生线上汉语学习者的态度,使学生以更积极和认真的态度进行线上汉语学习。

4.3　总　结

线上汉语教师对各类角色应具备的能力和层级的分布需有一定清晰的认知,并以多元融合的视野提升对教师角色的认知。新手型教师应意识到线上汉语教师角色的多样化、融合性和灵活性,并在线上技术角色方面加强实践,尤其是在管理角色和社会角色应当有所提升。熟手型教师需在线上汉语教育教学的过程中不断创新,给学生提供更完善的个性化选择,最终形成个人的线上汉语教学风格。

参考文献

程远东,姚波,王坤.防疫背景下教师在线教学的三个角色[J].疫情应对,2020(2).
胡勇.在线教师角色实证研究:基于多元分析方法的视角[J].中国教育信息化,2014(3).
刘路.二语教师课堂角色研究述评[J].云南师范大学学报,2017(2).
汪磊,魏伟.基于学生核心素养培育的新冠肺炎疫情下教师角色探析:以《大学生心理健康》课程线上教学模式为例[J].中国医学教育技术,2020(5).
王健.疫情危机下的教师角色、行为与素养[J].教师教育研究,2020(2).
张群芳.对外汉语任务型教学中的教师角色[J].教书育人·高教论坛,2015(4).
郑立平.警惕在线教学中教师角色的错位与异化[J].教育随笔,2020(2).
HAMPEL R,STICKLER U. New skills for new classrooms:training tutors to teach languages online[J]. Computer Assisted Language Learning,2005,18(4).
SENIOR R. Connectivity:a framework for understanding effective language teaching in face-to-face and online learning communities[J]. RELC Journal,2010,41(2).
SIEMENS G,MATHEOS K. Systemic changes in higher education[J]. Education,2010,16(1).

翁菁雨,人大附中杭州学校,311100
juliana.weng@rkcshz.cn

(责任编辑 张世涛)

The Discourse Authenticity Model (DAM) for Second Language Teaching Materials

SU Danjie (苏丹洁)

Abstract: This study introduces the first model to measure the authenticity of second language teaching materials in spoken and written discourses—the Discourse Authenticity Model (DAM). Eight discourse-based criteria were developed: Shape L1, Not-for-L2 Language Teaching, Not-for-L1/L2 Language Teaching, Natural Dialogue, Spontaneous, Non-Fictional, Communicative Meaning, and Specific Context. DAM ranks authenticity in teaching materials into a continuum of five levels: 1) Very Low (rated 0 to 0.5); 2) Low (rated 1 to 2.5); 3) Medium (rated 3 to 4.5); 4) High (rated 5 to 6.5); 5) Very High (rated 7 to 8). The sample materials rated include: Artificial L2 textbook dialogues (rated 0); for-L2-learner scripted plays, role-plays, cartoons, video games, and acting out videos of artificial L2 textbook dialogues (rating range 0-1); for-L2-learner virtual reality (rating range 0-5); for-L2-learner graded readers (rating range 1-2); for-L2-learner interviews with L1 speakers (rating range 2-6); children's graded readers (rated 3); video games (rating range 3-4); virtual reality (rating range 3-8); songs (rated 4); advertisements (rating range 4-5); children's books (not including graded readers or early language books) (rating range 4-6); robot language (rating range 4-7); scripted fictional language such as movies (rated 5); largely spontaneous media language (rating range 5-8); scripted non-fictional language (rated 6); single voice messages on social media and phone (rating range 6-7); social media text posts and phone message exchanges (rating range 6-8); spontaneous & non-fictional media language (rating range 7-8); recorded spontaneous real-life language (rated 8). DAM is expected to be useful for the development, selection, use, and evaluation of teaching materials.

Key words: authentic materials; authenticity; ranking; materials development; Chinese as a second language; language teaching; applied linguistics

摘 要：本文提出针对第二语言教材的第一套全面评估口语和书面语语料真实性的话语真实性等级模型（DAM）。该模型所使用的八项理论评估标准来源于话语语言学和应用语言学研究：①参与塑造母语话语体系；②原非为了二语教学；③原非为了母语或二语教学；④自然对话；⑤无事先撰写脚本；⑥非虚构；⑦含真实交际意义；⑧含具体语境。据这些标准，DAM 将用于二语教材的口语和书面语语料的真实性分为五个等级：①极低（0～0.5 分）；②低（1～2.5 分）；③中等（3～4.5 分）；④高（5～6.5 分）；⑤极高（7～8 分）。该文所评估的样本材料包括：虚构的二语教材对话和课文（0 分）；用于二语教学的有脚本的情景表演、角色扮演、卡通、电子游戏以及虚构二语教材对话的演示视频（0～1 分）；针对二语学习者的虚拟现实（0～5 分）；二语分级读物（1～2 分）；针对二语学习者的母语者采访（2～6 分）；儿童分级读物（3 分）；电子游戏（3～4 分）；虚拟现实（3～8 分）；歌曲歌词（4 分）；广告（4～5 分）；儿童读物（不包括分级阅读或早期语言读物）（4～6 分）；机器人语言（4～7 分）；影视类等带脚本虚构语言（5 分）；综艺真人秀类等大体无脚本的媒体语言（5～8 分）；纪录片、交通公告和有脚本新闻类等有脚本的非虚构语言（6 分）；社交媒体或手机上的单条语音消息（6～7 分）；社交媒体发帖、留言、聊天记录和短信聊天记录（6～8 分）；直播脱口秀类等无脚本且非虚构的媒体语言（7～8 分）；面对面自然对话和手机通话类等录下来的无脚本的现实生活语言（8 分）。DAM 有望对教材的开发、选择、使用和评估有直接参考价值。

关键词：真实材料；真实性；等级；教材开发；汉语作为第二语言；语言教学；应用语言学

1 Introduction

Authentic materials are beneficial for second language learning (e.g., Mishan, 2005; Tao, 2005; Gilmore, 2007, 2011; Webb, 2010; Pinner, 2013; Zyzik and Polio, 2017) for reasons such as helping learners to develop a range of communicative competencies (Gilmore, 2011), helping learners to understand and internalize prosodic features (Aufderhaar, 2004), enhancing learners' awareness of contextual factors (Cheng, 2016), and motivating learners (Chan, 2017). A characteristic of communicative language teaching is using authentic materials (Larsen-Freeman, 2000: 129). The language phenomena that L2 learners need to learn can be found in discourse (Su and Tao, 2014), and such authentic language can be used for language teaching by, for example, building a database of indexed and searchable short media clips (Liu and Fang, 2014; see also the UCLA Chinese Language Teaching Video Clips project by Hongyin Tao). There is an increasing awareness to use authentic materials across all levels of language instruction, including the beginning level (Zyzik and Polio, 2017; Tao, et al., 2018; Su and Tao, 2014, 2018 a & b; Su, 2018). However, a fundamental issue is still unknown: How to measure the authenticity levels of language materials in both spoken and written discourses? Discourse linguistics, the study of language use in natural discourse, provides direct insights into such questions.

Drawing on discourse linguistics and related disciplines, this study develops the Discourse Authenticity Model (hereafter "DAM") to measure the authenticity levels of second language teaching materials.

2　Literature Review

2.1　What are authentic materials

The confusion about "authentic materials" starts with its definition. No consensus has been established despite many existing definitions. To name a few, authentic materials are:

1) Not produced for language teaching— "any material which has not been specifically produced for the purpose of language teaching" (Nunan, 1989: 54). Authentic texts are real-life texts that are not written for language learners (Wallace, 1992: 145). This definition captures an important aspect of authentic materials, but there is authentic language produced for L2 learners—for example, interviews with L1 speakers that are produced for second language teaching.

2) Produced by native speakers (Porter and Roberts, 1981). However, language materials produced by native speakers can be artificial. Artificial L2 language textbook materials are an example. Another limitation is that the boundary between native speakers and native-like/proficient L2 speakers is becoming increasingly blurring, especially for English, which has many more non-native speakers than native speakers (Crystal, 2006).

3) Real language "produced by a real speaker or writer for a real audience and designed to convey a real message" (Morrow, 1977: 131). This definition covers more aspects of authentic materials. However, it is not clear as to what a "real" speaker/writer/audience is. In the case of L2 graded readers or interviews with L1 speakers that are produced for L2 learners, can L2 learners be considered a real audience? If yes, this definition cannot distinguish artificial L2 language textbook materials from authentic materials such as interviews with L1 speakers that are produced for L2 learners. If no, this definition also cannot define all kinds of authentic materials because language materials do not need to meet all these criteria to be considered authentic. Interviews with L1 speakers that are produced for L2 learners are an example.

These definitions have been valuable in calling our attention to the existence and values of authentic materials. But an overall limitation is that they seek a single-dimensional yes/no answer to the question of authenticity, overlooking its complexity and nuances. As the current study will show, authenticity is a continuum rather than a binary definition. Different types of materials can have various levels of authenticity. For instance, "there is hitherto no empirical confirmation that the patterns in those authentic dramatic materials reflect natural speech… [I]s something like a movie or play more valid as an educational tool simply by virtue of its being made by and produced for native speakers?" (McGinnis, 1990: 166) This study explores a more comprehensive, multi-dimensional approach to evaluating authenticity that exceeds traditional binary models.

2.2 Authenticity in teaching materials

Research on the systematic ranking of authenticity in language teaching materials is crucial yet scant. To date, there are still no comprehensive rankings of the authenticity of teaching materials in both spoken and written discourses.

Why is it necessary to develop a ranking system to measure the authenticity levels of teaching materials in both spoken and written discourses? First, to cover the full spectrum of a language, it is essential that language teaching uses a variety of authentic materials in both spoken and written discourses. This is because research on discourse and grammar (e.g., Tao and Thompson, 1994; Tao, 1999; Iwasaki, 2015; Du Bois, 2003; Su, 2017b) has demonstrated that different types of discourses—spoken and written—have different linguistic patterns to some extent. In other words, there are multiple "grammars" of a language (Iwasaki, 2015). Another reason is that authentic materials that are interactive and contain social and communicative meanings are lacking. The current Chinese language teaching materials are far from meeting the various needs of Chinese learning worldwide; teaching materials suitable for various needs of different types of learners are still lacking, among which interactive and socially oriented resources are "extremely lacking" (Zhou, *et al.*, 2018). Interactive language materials typically are found in conversational discourse, with some in written discourse (e.g., email exchanges). Given the fundamental need for authentic materials in both spoken and written discourses, it is necessary to develop a ranking system to measure the authenticity levels of teaching materials in both discourses.

Rings (1986) ranks the authenticity of conversational materials into 16 types: Type 1 (the most authentic) are native speakers' spontaneous conversations produced for their own purposes. They are typically created with no knowledge of being monitored. Type 2 are conversations in which one participant is aware of being monitored or recorded. Type 3 are simulated role-plays by native speakers. Type 4 are plays written by a genius in language use and enacted by good actors/actresses. Type 5 are excerpted portions of type 1. Type 6 are excerpted portions of type 2. Type 7 are excerpted portions of type 3. Type 8 are reenacted portions of type 1. Type 9 are reenacted portions of type 2. Type 10 are reenacted portions of type 3. Type 11 are altered versions of type 1. Type 12 are altered versions of type 2. Type 13 are altered versions of type 3. Type 14 are plays whose dialogue does not correspond to actual dialogue. Type 15 are conversations composed for textbooks and acted out by native speakers. Type 16 (the least authentic) are composed conversations printed in textbooks. This elaborated system provides a practical scale to judge the authenticity of teaching materials. However, it is a closed system that only ranks some types of conversational materials, leaving out other spoken discourse types and written discourse. Most importantly, as Al-Surmi (2012) comments, the method used to classify authenticity needs justification; for example, why is simulated role-play by native speakers (Type 3) closer to spontaneous speech than plays (e. g. , movies) written to be acted on (Type 4)? The current study will draw insights from discourse linguistics and related disciplines to develop the criteria for the ranking of materials in both spoken and written discourses.

To examine whether TV sitcom or soap opera is closer to natural speech, Al-Surmi (2012) uses large-scale corpus data and adopts a multi-dimensional (MD) analysis with five dimensions. Dimension 1: involved versus informational production; Dimension 2: narrative versus non-narrative discourse; Dimension 3: elaborated versus situation-dependent reference; Dimension 4: overt expression of argument or persuasion; Dimension 5: abstract versus non-abstract information or style. Al-Surmi finds that sitcom is closer to natural conversation than soap opera in the representation of the linguistic features along dimensions 1, 4, and 5, that soap opera is closer on Dimension 2, and that both registers score similarly on Dimension 3. Al-Surmi's study should be applauded for using empirical corpus data and methods. The study only concerns two registers of TV shows in the conversational (more precisely, written for spoken) discourse. It still calls for a full picture of the authenticity levels of materials in both spoken and written discourses.

2.3 Summary of literature review

Authentic materials are beneficial for language teaching, but further research is needed to clarify the fundamental question of how to rank the authenticity levels of language materials for second language teaching. Systematic rankings of authenticity levels of teaching materials in both spoken and written discourses are severely lacking. This study will fill this gap with a discourse linguistic approach.

3 Theoretical Principles of the Discourse Authenticity Model

To understand authenticity in language teaching materials, one must appreciate how language works in natural discourse. This topic has been extensively examined in discourse linguistics and related disciplines. The underlying theoretical principles of the Discourse Authenticity Model are: 1) A language is constantly shaped by its users; 2) Context plays a critical role in authentic language use; 3) Spontaneous and non-fictional dialogues preserve full meanings; 4) Language users express communicative meanings that include their subjective opinions; 5) Artificial language teaching materials and role-plays differ from natural language substantially.

3.1　A language is constantly shaped by its users

Language is constantly evolving, and new linguistic patterns of a language emerge as speakers use the language to communicate with each other. A major contributor to this understanding is Emergent Grammar (Hopper, 1998; Su, 2016). Emergent Grammar finds that features of grammar are acquired through experience and social interaction (Su, 2016). According to a discourse study (Su, 2016) combining micro discourse analysis with macro corpus data from large-scale L1 English corpora, the beginnings of the emergence of grammatical constructions can be found in individual interactions. Su's study finds that new grammatical patterns emerge as a result of reuse and modification; specifically, conversational participants tend to reuse more than 80% of the words they said earlier in the conversation while modifying other words to serve current communicative goals.

The implications for language teaching are: 1) To measure the authenticity of language materials, one must consider whether such materials shape the ever-evolving discourse of the target language. I thus develop a criterion for DAM called "Shape L1." The more frequently a language feature is repeated and the more widely it is circulated among L1 speakers, the more likely it is to shape the discourse of that language. 2) For global languages such as English, proficient L2 speakers could also shape the discourse. "For every one native speaker, there are now three or four non-native speakers, a ratio that will increase as time goes by (Graddol, 1999). As the non-native group is the primary force fostering the emergence of 'new Englishes', they are going to be implications for the future character of the language" (Crystal, 2008). Considering the increasingly blurring boundary between native speakers and L2 speakers, I will use "L1/proficient speakers" to refer to native speakers and L2 speakers with near-native proficiency.

3.2　Context plays a critical role in authentic language use

The meaning of linguistic expressions is dependent on the context in which they appear. This understanding has a time-honored tradition in linguistics, from Malinowski's (1923) notion of "context of the situation," to the Firthian tradition of "meaning by collocation" — "you shall know a word by the company it keeps" (Firth, [1935] 1957: 11), to corpus linguistics, which argues that the co-occurrence of words can define the meaning of words (Sinclair, 1966: 415). A broader notion of context is outlined in communications theory and adapted to linguistics by Jakobson (1953). Hymes (1964) summarizes that aspects of a context include "1, 2) the various kinds of participants in communicative events-senders and receivers, addressors and addressees, interpreters and spokesmen, and the like; 3) the various available channels, and their modes of use, speaking, writing, printing, drumming, blowing, whistling, singing, face and body motion as visually subjective, smelling, tasting, and tactile sensation; 4) the various codes shared by various participants, linguistic, paralinguistic, kinesic, musical, and other; 5) the settings...; 6) the forms of messages, and their genres; 7) the topics and comments that a message may be about; 8) the events themselves, their kinds and characters as wholes." In other words, "the context might be prior speech in the discourse, the ecological surround in which the discourse takes place, gesture, eye gaze and/or shared background knowledge" (Schumann, *et al.*, 2006).

A major difference between L1 speakers and L2 learners is that L1 speakers master the ability to associate a linguistic form with a particular context (Su and Tao, 2014). "Given the importance of context, it is only natural that we need to think of pedagogical approaches that are genuinely context-based and context-oriented. What I have in mind is that language instruction needs to be geared toward realistic and specific speaker roles, specific social relations, specific communicative purposes, and so forth" (Tao, 2005). An implication for language teaching is that to measure the authenticity of language materials, one must consider whether it contains a specific context. Therefore, a criterion for DAM is "Specific Context."

3.3 Spontaneous and non-fictional dialogues preserve full meanings

Conversation Analysis research (e.g., Heritage, 1984; Markee, 2000; Heritage and Clayman, 2010; Sidnell and Stivers, 2012) shows that spontaneous conversations in real life have an elaborate set of orders and patterns and that even the seemingly non-essential conversational features, such as repetitions (Tannen, 1987, 1989; Stivers, 2005; Su, 2016), have intricate and important interpersonal meanings. This is because speaking is not a mere matter of putting words together based on grammatical rules but is driven by speakers' intentions and actions in interaction. Discourse grammar research (Du Bois, 2014) argues that non-fictional natural language materials, regardless of whether the materials are conversational or written, are dialogic in nature. A piece of natural written material, such as a letter, is usually written with the reader(s) in mind, but the actual response from the reader(s) is not recorded in the written material itself. On the other hand, a spontaneous conversation contains every utterance that the speakers said, including the responses, thereby preserving a full picture of all the meanings exchanged.

An implication for language teaching is that to measure the authenticity of language materials, one must consider whether it contains a natural internal dialogue or is a monologue that does not showcase the addressee's response. One must also consider whether the material is spontaneous or scripted and whether it is real or fictional. Consequently, I develop three criteria for the ranking: "Natural Dialogue," "Spontaneous," and "Non-Fictional."

3.4 Language users express communicative meanings that include their subjective opinions

Communicativeness is essential in authenticity (Liu and Wang, 2021). Interactional Linguistics and Conversation Analysis research reveal that when speaking, speakers express communicative meanings, which not only include objective information but also, more importantly, convey subjective meanings based on speakers' subjective attitudes and feelings towards what is being said. Speakers simultaneously take up stances as they use certain linguistic resources (e.g., Du Bois, 2007; Goodwin, 2007; M Goodwin, Cekaite, and Goodwin, 2012; Iwasaki and Yap, 2015; Su, 2016; for Mandarin, see, e.g., Biq, 2004, 2015; Tao, 2007; Jing-Schmidt and Tao, 2009). Stance refers to "the lexical and grammatical expression of attitudes, feelings, judgments, or commitment concerning the propositional content of a message" (Biber and Finegan, 1989). According to Biber and Finegan (1989), stance includes epistemic stance and affect. Epistemic stance, or evidentiality, refers to speakers' certainty about their knowledge of what is being said and the mode of knowing—how they know about the information that they are providing. Affect, on the other hand, is mostly about speakers' emotions and feelings towards what is being said. Authentic language contains the speaker's/writer's stance, which is a part of the subjective meaning that the speaker/writer conveys to the audience.

Lens (Su, 2017a), which refers to speakers' subjective evaluation of the event/subject that they are talking about, is another aspect of the subjective meaning of authentic language. "Language mediates and represents the world from different points of view" (Stubbs, 1996: 128). According to Su (2017a), different grammatical constructions can present the same event through different lenses. For example, the Chinese *ba*-construction can place a transitive event under the Significance Lens to present it as something "significant." Using spontaneous conversational data of 300 videos and 1-million-word transcripts), Su finds that when using the *ba*-construction, regardless of whether an event is significant or not in an objective sense, the speaker wants the addressee to believe that the event is "significant," which can be one or a combination of these cases: 1) Highly consequential. For example, if a girl tells her boyfriend 你忘了我的生日. *Ni wang le wo de shengri*. 'You forgot my birthday,' it is a description of the fact. If she uses the *ba*-sentence 你把我的生日忘了. *Ni BA wo de shengri wang le.* 'You've forgotten my birthday,' chances are, she is upset because forgetting her birthday is something significant (i.e., non-trivial) and thus highly consequential. 2) Highly challenging, e.g., 他解决了这个问题. *Ta jiejue le zhe ge wenti*. 'He solved this problem' vs. 他把这个问题解决了. *Ta BA zhe ge wenti jiejue le.* 'He has solved this problem (implying that the problem was challenging).' 3) Highly important, e.g., 请大家关掉手机. *Qing dajia guan diao shouji.* 'Please turn off your phones' vs. 请大家把手机关掉. *Qing dajia BA shouji guan diao.* 'Please turn off your phones (implying that it is important). '

Since expressing communicative meanings, including subjective meanings, is an important component of authentic language, I develop a criterion "Communicative Meaning" to rank authenticity. Besides speakers/writers, a filmmaker (and the like) can convey certain communicative meanings to the audience through the film (and the like), and an advertisement producer can convey the meaning that the product is desirable, etc.

3.5 Artificial language textbook materials and role-plays differ from natural language substantially

Applied linguistic research also provides a valuable reference for the ranking of authenticity. Studies comparing artificial language, including traditional L2 textbooks and role-plays, with natural language find that the two differ in substantial ways. Using the computational tool Coh-Metrix, Crossley, *et al.* (2007) find that the linguistic structures of sampled simplified texts and those of authentic reading texts "differ significantly." In teaching Chinese as a second language, research (Zhou, *et al.*, 2017) using the Global Chinese Teaching Materials E-library, constructed to inform material development, use, and evaluation, finds that L2 textbooks, at times, go to great lengths to teach grammatical patterns that are seldom found in L1 discourse, such as the negative expressions of Chinese existential sentences (墙上没挂着画儿 *Qiang shang mei gua zhe huar*. 'No pictures on the wall'). In teaching Spanish as a second language, a comparison of the pragmalinguistic features described in 12 intermediate Spanish language textbooks with natural data collected online "shows great differences in the structures used and in the distribution of discourse strategies" (Eisenchlas, 2011). A Conversation Analysis study (Batlle and Suárez, 2020) focusing on repair practices in 504 audiotaped listening materials from 18 Spanish as a Foreign Language textbooks finds that not all of the textbooks offer suitable listening materials to develop the usage of this interactional resource in learners. In teaching Korean as a second language, three leading series of textbooks published in Seoul "at times under-emphasize the importance of honorifics and focus around one particular 'level' of honorification" (Brown, 2010). Role-played police investigative simulations differ from actual interviews in systematic ways (Stokoe, 2013).

The issue with artificial textbook materials is that authenticity is sacrificed to control the complexity of the language. This issue also exists in graded readers for children and other beginning-level L1 language teaching materials. The implication is that to measure the authenticity of language materials, one must consider whether the materials are originally designed for L1/L2 language teaching. Correspondingly, I include two criteria for the ranking: "Not-for-L2 Language Teaching" and "Not-for-L1/L2 Language Teaching." Because DAM is meant to measure authenticity in L2 teaching materials, it is necessary to repeat the "Not-for-L2 Language Teaching" component in both criteria. If not repeating "Not-for-L2 Language Teaching" and only using "Not-for-L1 Language Teaching" in this criterion, some L2 teaching materials such as artificial L2 textbook dialogues will be rated as meeting this criterion, which would be confusing because DAM is a model for L2 teaching, not L1 teaching.

4 The Discourse Authenticity Model (DAM)

Based on the theoretical principles discussed in the previous section, I identified eight criteria to rank authenticity in language materials: #1. Shape L1 (shape the target language discourse); #2. Not-for-L2 Language Teaching (not originally produced for L2 teaching); #3. Not-for-L1/L2 Language Teaching (not originally produced for language teaching); #4. Natural Dialogue (contain a natural internal dialogue such as a conversation); #5. Spontaneous (unscripted); #6. Non-Fictional; #7. Communicative Meaning (convey communicative meaning to the audience/reader instead of merely teaching the language); #8. Specific Context.

The Discourse Authenticity Model (DAM) uses these eight criteria to rank the authenticity of language material types. Each type of language material receives a rating of either 0 if it does not apply, 0.5 for some relevance, or 1 if it fully applies to the criterion. The total rating between 0 and 8 reflects the level of authenticity, with 0 indicating the lowest level of authenticity and 8 the highest. Table 1 provides examples of the model applied to various language material types. The rating range (marked by -) indicates the possible scope of values a rating may take. For example, 0-1 indicates a possible rating of either 0, 0.5, or 1, depending on the features of a specific piece of language material. Similarly, 1-2 indicates a possible rating of either 1, 1.5, or 2. Table 2 illustrates five levels of ranking. DAM is an open system that could expand to rank additional teaching materials, and new levels can be added based on the rating results of additional teaching materials.

Table 1 Criteria of the Discourse Authenticity Model and rating ranges of sample materials

Types of Language Materials	TOTAL Rating /Range	Criteria							
		#1 Shape L1	#2 Not-for-L2 Teaching	#3 Not-for-L1/L2 Teaching	#4 Natural Dialogue	#5 Spontaneous	#6 Non-Fictional	#7 Communicative Meaning	#8 Specific Context
Artificial L2 textbook dialogues	0	0	0	0	0	0	0	0	0
For-L2-learner scripted plays, role-plays, cartoons, video games, and acting out videos of artificial L2 textbook dialogues	0-1	0	0	0	0	0	0	0	0-1
For-L2-learner virtual reality (VR)	0-5	0	0	0	0-1	0-1	0-1	0-1	0-1
For-L2-learner graded readers	1-2	0	0	0	0	0	0	0-1	1

Continued Table 1

Types of Language Materials	TOTAL Rating /Range	Criteria							
		#1 Shape L1	#2 Not-for-L2 Teaching	#3 Not-for-L1/L2 Teaching	#4 Natural Dialogue	#5 Spontaneous	#6 Non-Fictional	#7 Communicative Meaning	#8 Specific Context
For-L2-learner interviews with L1 speakers	2-6	1	0	0	0-1	0-1	1	0-1	0-1
Children's graded readers	3	0	1	0	0	0	0	1	1
Video games	3-4	1	1	1	0	0	0	0	0-1
Virtual reality (VR)	3-8	1	1	1	0-1	0-1	0-1	0-1	0-1
Songs	4	1	1	1	0	0	0	1	0
Advertisements	4-5	1	1	1	0	0	0	1	0-1
Children's books (not including graded readers or early language books)	4-6	1	1	0-1	0	0	0-1	1	1
Robot language	4-7	1	1	1	0	0-1	0-1	1	0-1
Scripted fictional language	5	1	1	1	0	0	0	1	1
Largely spontaneous media language	5-8	1	1	1	0-1	0-1	0-1	1	1
Scripted non-fictional language	6	1	1	1	0	0	1	1	1
Single voice messages on social media and phone	6-7	1	1	1	0	0-1	1	1	1
Social media text posts and phone message exchanges	6-8	1	1	1	0-1	0-1	1	1	1
Spontaneous & non-fictional media language	7-8	1	1	1	0-1	1	1	1	1
Recorded spontaneous real-life language	8	1	1	1	1	1	1	1	1

Table 2 Five authenticity levels in the Discourse Authenticity Model

Five authenticity levels	Overall rating
Very Low	0 to 0.5
Low	1 to 2.5
Medium	3 to 4.5
High	5 to 6.5
Very High	7 to 8

Each type of language materials can include spoken-format and written-format materials. Spoken-format materials are not the same as spoken materials since they include written-for-spoken content, e.g., artificial textbook dialogue. Likewise, the written-format materials are not the same as written materials because they include written transcripts of spoken data such as interviews. Table 3 provides examples of ranked language materials.

Table 3 Examples of rated language materials in the Discourse Authenticity Model

Rating /Range	Types of Language Materials	Spoken-format examples	Written-format examples
0	Artificial L2 textbook dialogues	audios	texts
0-1	For-L2-learner scripted plays, role-plays, cartoons, video games, and acting out videos of artificial L2 textbook dialogues	videos	scripts; texts
0-5	For-L2-learner virtual reality (VR)	videos	scripts; text display
1-2	For-L2-learner graded readers	audios	texts
2-6	For-L2-learner interviews with L1 speakers	audios/videos	transcripts; scripts
3	Children's graded readers	audios	texts
3-4	Video games	video games	scripts
3-8	Virtual reality (VR)	videos	scripts; text display
4	Songs	songs	lyrics
4-5	Advertisements	videos/audios	scripts; prints; texts
4-6	Children's books (not including graded readers or early language books)	audios	texts
4-7	Robot language	pre-recorded utterances	scripts; text display on screen
5	Scripted fictional language	movies and trailers; TV sitcoms/soap operas/dramas/comedies	movie scripts and posters; literary texts such as novels
5-8	Largely spontaneous media language	partially scripted reality shows, variety shows, and talk shows	transcripts; text display on screen

Continued Table 3

Rating /Range	Types of Language Materials	Spoken-format examples	Written-format examples
6	Scripted non-fictional language	recorded real-life scripted speeches/talks (e.g., in scripted YouTube videos); recorded oral public announcements such as train/bus schedules; documentaries; scripted TV news, radio broadcast, and podcasts	scripts of speeches and documentaries; written public notices such as train/bus schedules; newspaper and non-fictional magazines; web-based non-fictional writings; scripts of TV news, radio broadcasts, and podcasts; menus; nutrition labels; utility bills; packing slips; order forms; ATM screens and receipts; street signs; tourist information brochures; coupons; traffic tickets; greeting cards; calendars; catalogs; product descriptions; maps; texts on mobile apps
6-7	Single voice messages on social media and phone	single voice messages on social media (e.g., WeChat) and phone	transcripts
6-8	Social media text posts and phone message exchanges	voice message exchanges; text-to-speech	social media text posts and phone text message exchanges or transcripts of voice message exchanges
7-8	Spontaneous & non-fictional media language	live TV news, radio broadcasts, and podcasts; unscripted reality shows, variety shows, and talk shows; unscripted videos (e.g., YouTube) with speech	transcripts
8	Recorded spontaneous real-life language	recorded spontaneous real-life conversations either in person, on phone, or via social media (e.g., Skype; Zoom); exchanges of spontaneous voice messages on social media (e.g., WeChat) and in texting	transcripts

A few notes on the Discourse Authenticity Model:

1) Adapting or editing a language material can change its authenticity level. Usually, it decreases, but it could also increase, for example, when removing the scripted parts of a reality show.

2) The language materials include translated language by L1 translators. Such translations are authentic "in that they serve as a vehicle for real language that native speakers would

be engaged with" (Zyzik and Polio, 2017).

3) Within each level, there could be further nuanced distinctions, which will require further research beyond the scope of this study. For instance, Al-Surmi's (2012) corpus study reveals that "sitcom captures the linguistic features of natural conversation more than soap opera does."

4) Whether the target language is the lingua franca, in which "native speakers of two different languages use English to communicate because it is their common language," is a factor for material selection (Zyzik and Polio, 2017). There are two types of lingua franca language materials. The first is produced by L1 or proficient L2 speakers. The authenticity level of the first type can be ranked by DAM. The second type is (co-) produced by non-proficient L2 speakers and thus is not typically selected as language teaching materials. For this reason, DAM does not include the ranking of language produced by non-proficient L2 speakers.

5 Sample Analysis Using the Discourse Authenticity Model

5.1 Artificial L2 textbook dialogues

Example (1): Artificial textbook dialogue in Lesson 1 "Exchanging Greetings" in an L2 textbook widely adopted in the United States (*Integrated Chinese*, Textbook, 2008)

1) Content analysis. Looking at this conversation (Figures 1a & b), one may wonder: What is the context here? Where do the two speakers meet? Who are the speakers? There are no answers to these questions. *Nihao* 'hello' is typically used for greetings in formal settings such as professional or business settings (Christensen, 2006). Based on the greeting terms (*nihao*) and address terms (*Li xiaojie* 'Miss Li' and *Wang xiansheng* 'Mr. Wang') used, the conversation might take place in a formal setting, and the two speakers are likely not students. But these are just speculations.

Figure 1a Artificial textbook dialogue (Chinese version)

```
Wang Peng: How do you do?
Li You:    How do you do?
Wang Peng: What's your family name, please? (lit. Please, may I ask..
           is…?)
Li You:    My family name is Li. What's yours? (lit. I am surnamed
Wang Peng: My family name is Wang. Miss Li, what's your name?
Li You:    My name is Li You. Mr. Wang, what's your name?
Wang Peng: My name is Wang Peng.  <Context? Who are the speakers?>
```

Figure 1b   Artificial textbook dialogue (English translation)

2) Advantages. The complexity of linguistic forms is controlled to a minimum. Forms can be as simple as possible and can be repeated to reinforce input. Because the focus is drawn to the structural features, learners may be able to pay more attention to the variations of forms.

3) Limitations. Failing all the eight criteria: Because there is no specific context (failing Criterion #8), learners are deprived of the opportunity to learn about how to associate a form with a particular context, resulting in difficulty in knowing when and how to use a linguistic form. Because it is not a spontaneous (failing Criterion #5) and non-fictional (failing Criterion #6), natural dialogue (failing Criterion #4) that conveys certain communicative meanings (failing Criterion #7), learners are not given the opportunity to learn how to use certain linguistic forms to achieve corresponding interactive goals in real life. Because it is an artificial textbook dialogue for L2 teaching (failing Criteria #2 and #3), which does not shape the target language discourse (failing Criterion #1), learners might be learning linguistic features that are different from those in the real world.

4) Authenticity evaluation using DAM (Table 4).

Table 4   Authenticity evaluation using DAM

Authenticity Level	Total Rating	#1 Shape L1	#2 Not-for-L2 Teaching	#3 Not-for-L1/ L2 Teaching	#4 Natural Dialogue	#5 Spontaneous	#6 Non-Fictional	#7 Communicative Meaning	#8 Specific Context
Very Low	0	0	0	0	0	0	0	0	0

5.2   Acting out videos of artificial L2 textbook dialogues

Example (2): Acting out video of the artificial textbook dialogue in Lesson 1 "Exchanging Greetings" (*Integrated Chinese*, DVD, Dialogue, 2008) (Figure 2)

		Chinese character	Pinyin	English translation
1	M:	你好！	**Nihao!**	**How do you do?**
2	F:	你好！	**Nihao!**	**How do you do?**
3	M:	请问，你贵姓？	Qingwen, ni guixing?	What's your family name, please?
4	F:	我姓李。你呢？	Wo xing li. Ni ne?	My family name is Li. What's yours?
5	M:	我姓王。	Wo xing Wang.	My family name is Wang.
6		李小姐，	**Li xiaojie,**	Miss Li,
7		你叫什么名字？	ni jiao shenme mingzi?	What's your name?
8	F:	我叫李友。	Wo jiao Li You.	My name is Li You.
9		王先生，	**Wang xiansheng,**	Mr. Wang,
10		你叫什么名字？	ni jiao shenme mingzi?	What's your name?
11	M:	我叫王朋。	Wo jiao Wang Peng.	My name is Wang Peng.

<Two students meeting on campus yet greeting with "Miss" and "Mr.">

Figure 2　Dialogue 1 Exchanging Greetings (*Integrated Chinese*, Textbook, 2008)

1) Content analysis. As the video (Figure 3) shows, the female speaker and male speaker in the textbook dialogue (Example 1) are two college students who just met for the first time on their way rushing to class. The linguistic forms contradict with the context in two ways: First, the greeting term *nihao* is typically used for formal settings (Christensen, 2006), but the video shows that the conversation takes place in an informal setting; second, the address terms *xiaojie* 'Miss' (line 6) and *xiansheng* 'Mr.' (line 9) indicate that the two speakers are non-students, but the video shows two students.

Figure 3　A screenshot of the acting out video for the artificial textbook dialogue in example (1)

2) Advantages. Videos of textbook dialogue are useful supplements to the written text. They can help learners understand the content of the dialogue more easily (although not necessarily better) and make learning more fun. They can also aid in memorization of the text, which are grammatical sentences that may help internalize sentence patterns in the learner.

3) Limitations. Failing all the eight criteria except #8 "Specific Context." The forms

are established first and then an imagined context is established to "fit" the forms, resulting in a mismatch between form and context. The teaching materials might be awkward or unnatural because in real-life communication, which form to use is determined by the context, not the other way around.

4) Authenticity ratings using DAM (Table 5).

Table 5 Authenticity evaluation using DAM

Authenticity Level	Total Rating	#1 Shape L1	#2 Not-for-L2 Teaching	#3 Not-for-L1/ L2 Teaching	#4 Natural Dialogue	#5 Spontaneous	#6 Non-Fictional	#7 Communicative Meaning	#8 Specific Context
Low	1	0	0	0	0	0	0	0	1

5.3 For-L2-learner interviews with L1 speakers

Example (3): For-L2-learner interviews with L1 speakers for Lesson 1 "Exchanging Greetings" (*Integrated Chinese*, DVD, Culture Minute, 2008) (Figures 4 and 5)

1	Host	I've been here ten years and	<Original speech in English>
2	(female):	I still mess up my tones sometimes.	
3		The important thing is	
4		I am willing to practice.	
4		Nihao, nihao!	Hello. Hello!
5		Ni jiao shenme mingzi?	What is your name?
6	L1:	Wo jiao Li Jiazhong.	My name is Jiazhong Li.
7	Host:	O, nihao, Li Jiazhong.	Oh, hello, Jiazhong Li.
8	L1:	En.	Yeah.
9	Host:	**Xiexie!**	Thank you!
10	L1:	**Meishi.**	No problem.

Figure 4 Transcript (Pinyin and English translation)

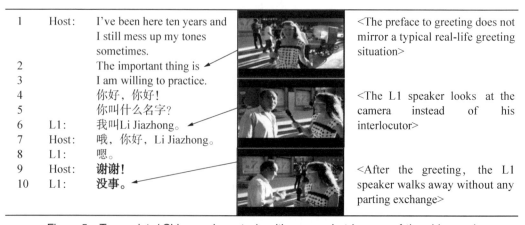

Figure 5 Transcript (Chinese character) with screenshot images of the video and annotations (in < >)

1) Content analysis. A few discrepancies exist between this interview scene (Figure 3) and everyday natural conversations: The female speaker's preface to greeting does not mirror a typical real-life greeting situation; the male L1 speaker looks at the camera instead of his interlocutor; after the greeting, the male L1 speaker walks away without any parting exchange, leaving a somewhat awkward scene behind.

2) Advantages. Non-fictional (meeting Criterion #6); real-life speakers and settings, as well as cultural aspects displayed through the video; L1 speakers' language is authentic and has the potential to shape the L1 discourse (meeting Criterion #1). The L1 interviewee's language is likely not scripted (partially meeting Criterion #5) as he uses words (*en* 'yeah', line 8 and *meishi* 'No problem', line 10) outside of the scope of the lesson in the textbook.

3) Limitations. Despite having a somewhat specific context (partially meeting Criterion #8) of an interview, the context is problematic because the interviewer merely uses the target sentences (*Nihao! Ni jiao shenme mingzi?* 'Hello! What is your name?' Lines 4 and 5) (Figure 6) from the textbook to interview the L1 speaker, leading to a disjunction within the context (partially failing Criterion #8), in which the greeting exchange (lines 4 to 8) immediately leads to a thanking exchange (lines 9 and 10). Originally produced for language teaching (failing Criteria #2 and #3). Does not come across as a natural dialogue (failing Criterion #4) due to the discrepancies between this interview scene and everyday natural conversations (see *Content Analysis* for details). Partially scripted (partially failing Criterion #5): The interviewer's language might be scripted because it is the same as that of the textbook. Does not have real communicative meanings (failing Criterion #7) because the interview is merely meant to teachL2 learners how to greet in Chinese and thus does not convey real communicative meaning to the audience.

4) Authenticity evaluation using DAM (Table 6).

Figure 6　A video screenshot of the for-L2-learner interview with a native speaker

Table 6 Authenticity evaluation using DAM

Authenticity Level	Total Rating	#1 Shape L1	#2 Not-for-L2 Teaching	#3 Not-for-L1/ L2 Teaching	#4 Natural Dialogue	#5 Spontaneous	#6 Non-Fictional	#7 Communicative Meaning	#8 Specific Context
Medium	3	1	0	0	0	0.5	1	0	0.5

5.4 Scripted fictional language

Example (4): A name inquiry scene in a movie

Context: A male high school student met a female schoolmate on campus without a chance to learn about her name. Seeing that it is raining; the boy, who has started liking the girl, offers to give her a ride home. After dropping her off near her house, he asks for her name before they part (Figure 7).

		Chinese character	Pinyin	English translation	Annotation
1	Boy:	唉，	Ei,	Hey,	<Attention getting; not formal greeting>
2		你叫什么名字啊？	Ni jiao shenme mingzi a?	what's your name?	<Soften the tone of voice>
3	Girl:	我叫路小雨。	Wo jiao Xiaoyu Lu.	I'm Xiaoyu Lu.	
4	Boy:	我叫叶湘伦。	Wo jiao Xianglun Ye.	I'm Xianglun Ye.	<Offer his own name without prompting>
5	Girl:	再见。	Zaijian.	See you.	

Figure 7 Transcript

1) Content analysis. No *nihao* 'hello' is used for greeting in this informal context (Figure 8). Instead, the boy uses a casual attention-getting particle *ei* 'hey' (line 1) to get the girl's attention. He then uses an utterance-final particle *a* (line 2) to soften the tone of voice. After the girl tells him her name, the boy offers his name without being asked.

2) Advantages. Through the influence of public viewership, the language in movies like this one has the potential to shape the L1 discourse (meeting Criterion #1). Not produced for language teaching (meeting Criteria #2 and #3). There is a skillfully simulated specific context (meeting Criterion #8) that partially reflects real-life interaction. The film was produced to convey certain communicative meanings to the audience (meeting Criterion #7).

3) Limitations. Artificial scripted dialogue (failing Criteria #4 and #5) and a fictional story (failing Criterion #6).

4) Authenticity evaluation using DAM (Table 7).

Figure 8　A screenshot of the movie 《不能说的秘密》'*Secret*'(2007), directed by Jay Chou

Table 7　Authenticity evaluation using DAM

Authenticity Level	Total Rating	#1 Shape L1	#2 Not-for-L2 Teaching	#3 Not-for-L1/ L2 Teaching	#4 Natural Dialogue	#5 Spontaneous	#6 Non-Fictional	#7 Communicative Meaning	#8 Specific Context
High	5	1	1	1	0	0	0	1	1

5.5　Recorded spontaneous real-life language

Example (5): Video recording of two friends greeting each other on campus in real life

Context: Two friends run into each other on campus at a university in the U. S. and start greeting each other.

1) Content analysis. Two friends running into each other in an informal setting (Figures 9 and 10), so no *nihao* 'hello' is used for greeting. Instead, the student in a stripe-pattern shirt pads on the shoulder of his friend (in a chess-pattern shirt) as a form of non-verbal greeting. In return, his friend uses the English word *Hello* (line 2) for greeting. Again, no *nihao* 'hello' is used, which confirms the finding that Chinese people often do not say *nihao* to family members and friends (Christensen, 2006). His friend then uses another way of greeting—acknowledgement of action (*Shangke qu a*? 'Going to class?' Line 3), which is a common way for Chinese people to greet their friends (Christensen, 2006).

		Chinese character	Pinyin	English translation	Annotation
1	Male (stripe):				\<Non-verbal greeting: The male in a stripe-pattern shirt taps the male in a chess-pattern shirt on the shoulder\>
2	Male (chess):	Hello! \<in English\>	Hello! \<in English\>	Hello! \<in English\>	\<Chinese often do not say *nihao* 'hello' to family members and friends (Christensen, 2006)\>
3		上课去啊?	Shangke qu a?	Going to class?	\<Acknowledgement of action is a common way for Chinese to greet friends (Christensen, 2006)\>
4	Male (stripe):	对。	Dui.	Right.	

Figure 9　Transcript

Figure 10　A screenshot of the video of a real-life spontaneous conversation
(Video by VOA Chinese & YouTube channel: https://youtu.be/TETdNJSyJH4?t=160)

2) Advantages. Meet all eight criteria.

3) Limitations. The speakers are aware that their conversation and interaction is being videotaped, which might or might not affect the way they interact with each other.

4) Authenticity evaluation using DAM (Table 8).

Table 8　Authenticity evaluation using DAM

Authenticity Level	Total Rating	#1 Shape L1	#2 Not-for-L2 Teaching	#3 Not-for-L1/ L2 Teaching	#4 Natural Dialogue	#5 Spontaneous	#6 Non-Fictional	#7 Communicative Meaning	#8 Specific Context
Very High	8	1	1	1	1	1	1	1	1

6 Conclusion

This study sets up to address a fundamental issue in using authentic materials for second language teaching, namely, how to measure the authenticity levels of language materials in both spoken and written discourses? This study develops the Discourse Authenticity Model (DAM) to measure the authenticity levels of second language teaching materials. Drawing on research findings in discourse linguistics and related disciplines, I develop eight criteria for the ranking of authenticity: #1. Shape L1 (shape the target language discourse); #2. Not-for-L2 Language Teaching (not originally produced for L2 teaching); #3. Not-for-L1/L2 Language Teaching (not originally produced for language teaching); #4. Natural Dialogue (contain a natural internal dialogue such as a conversation); #5. Spontaneous (unscripted); #6. Non-Fictional; #7. Communicative Meaning (convey communicative meaning to the audience/reader instead of merely teaching the language); #8. Specific Context.

The Discourse Authenticity Model ranks language teaching materials into five increasing levels of authenticity, which constitutes a continuum: 1) Very Low Authenticity Level (rated 0 to 0.5); 2) Low Authenticity Level (rated 1 to 2.5); 3) Medium Authenticity Level (rated 3 to 4.5); 4) High Authenticity Level (rated 5 to 6.5); 5) Very High Authenticity Level (rated 7 to 8). Note that notations such as "rated 7 to 8" means all rantings between 7 and 8 fall under this category, whereas "rating range 7-8" indicates a potential rating can be either 7, 7.5, or 8.

To verify the validity of DAM, I have ranked a wide variety of language materials as some samples. The results are: Artificial L2 textbook dialogues (rated 0); for-L2-learner scripted plays, role-plays, cartoons, video games, and acting out videos of artificial L2 textbook dialogues (rating range 0-1); for-L2-learner virtual reality (rating range 0-5); for-L2-learner graded readers (rating range 1-2); for-L2-learner interviews with L1 speakers (rating range 2-6); children's graded readers (rated 3); video games (rating range 3-4); virtual reality (rating range 3-8); songs (rated 4); advertisements (rating range 4-5); children's books (not including graded readers or early language books) (rating range 4-6); robot language (rating range 4-7); scripted fictional language (rated 5); largely spontaneous media language (rating range 5-8); scripted non-fictional language (rated 6); single voice messages on social media and phone (rating range 6-7); social media text posts and phone message exchanges (rating range 6-8); spontaneous & non-fictional media language (rating range 7-8); recorded spontaneous real-life language (rated 8).

According to DAM, authentic materials are a range of language materials with an authenticity rating higher than 1. Appropriate teaching materials combine teaching materials of various authenticity levels, not just fully authentic materials. Within the scope of authentic materials, we also need to use a variety of different types, which together provide a full picture of the language.

The advantage of the Discourse Authenticity Model (DAM) is that this open system is the first model to systematically measure the authenticity level of any language materials in both spoken and written discourses. It is also the first authenticity model that is based on a comprehensive set of discourse patterns synthesized from findings in various areas of discourse research, such as discourse linguistics, Emergent Grammar/Interactional Linguistics, and Conversation Analysis (CA). DAM is an application of theoretical linguistic research to language teaching. The results prove the fruitfulness of bridging the gap between linguistic research and language teaching.

DAM is expected to be useful for the development, selection, use, and evaluation of second language teaching materials. DAM can be used to enhance authenticity for material development. For example, according to DAM, "for-L2-learner interviews with L1 speakers" have an authenticity rating ranging from 2 (Low) to 6 (High). To achieve higher authenticity, material developers can ensure that the material in production meet as many criteria as possible—for example, by ensuring that the interview is non-scripted (including the interviewer's questions) and is a natural dialogue that conveys a genuine communicative meaning to the audience. Similarly, "for-L2-learner virtual reality (VR)" has an authenticity rating ranging from 0 (Very Low) to 5 (High). Developers can enhance the authenticity of the material in production by enabling learners to have a spontaneous, non-fictional, natural dialogue with L1 speaker(s) via the VR product. Language teachers and learners can use DAM to select teaching/learning materials and use them in an informed manner. For example, "largely spontaneous media language" such as reality shows and talk shows have an authenticity rating ranging from 5 (High) to 8 (Very High). Teachers/learners can choose those that contain spontaneous and non-fictional natural dialogues.

Applied linguistic researchers can use DAM to evaluate new or existing teaching materials, test the rankings of authenticity in this study with corpus data, and continually improve DAM. A limitation of DAM is that it only measures authenticity levels, which is only one of the many important considerations in material development and evaluation. How does authenticity, as a factor, work with other factors such as syntactic complexity (Jin, et al., 2020)? Future research examining topics like this can inform material development and language teaching in general. Another limitation is that DAM is a conceptual model, which means it does not distinguish the nuanced differences within each major type of language materials. For example, the type "largely spontaneous media language" includes partially scripted reality shows, variety shows, and talk shows. Are reality shows more authentic than staged variety shows, or is it a case-by-base issue that boils down to how each show is produced? To answer questions like this, future research can turn to corpus data and tools, as well as deploying qualitative analyses of each specific language material.

DAM is an open system. I call for further research to verify the rankings explored here, distinguish the different materials within the same level, and add new language materials, new levels, and new criteria. In this way, we will, eventually, have a comprehensive ranking system that covers most existing language materials in a language, which would be of tremendous value for second language teaching and learning.

Acknowledgments

An earlier version of this study was presented at UCLA and the University of Kentucky, USA. I greatly appreciate the helpful comments from Hongyin Tao, Charles Goodwin, Shoichi Iwasaki, Sung-Ock Sohn, Francis Bailey, Brenna Reinhart Byrd, and Asako Hayashi Takakura. I am also grateful for the helpful feedback from the anonymous reviewers and the editors Xiaobing Zhou and Wei Hong. I thank the Office of the Vice-Chancellor for Research and Innovation, World Languages, Literatures & Cultures, and Asian Studies at the University of Arkansas for their ongoing support and funding. I am responsible for the remaining shortcomings of the article.

References:

AL-SURMI M. Authenticity and TV shows: a multi-dimensional analysis perspective [J]. TESOL Quarterly, 2012, 46 (4).

AUFDERHAAR C. Learner views of using authentic audio to aid pronunciation: "You can just grab some feelings" [J]. TESOL Quarterly, 2004, 38 (4).

BATLLE J, SUÁREZ M M. An analysis of repair practices in L2 Spanish listening comprehension materials with implications for teaching interactional competence [J]. Classroom Discourse, 2020.

BIBER D, FINEGAN E. Styles of stance in English: lexical and grammatical marking of evidentiality and affect [J]. Text, 1989, 9 (1).

BIQ Y-O. Construction, reanalysis, and stance: "V yi ge N" and variations in Mandarin Chinese [J]. Journal of Pragmatics, 2004, 36 (9).

BIQ Y-O. Adverbs [M] //WANG W S-Y, SUN C. The Oxford handbook of Chinese linguistics. Oxford: Oxford University Press, 2015.

BROWN L. Questions of appropriateness and authenticity in the representation of Korean honorifics in textbooks for second language learners [J]. Language Culture and Curriculum, 2010, 23 (1).

CHAN C S C. Investigating a research-informed teaching idea: the use of transcripts of authentic workplace talk in the teaching of spoken business English [J]. English For Specific Purposes, 2017, 46.

CHENG T-P. Authentic L2 interactions as material for a pragmatic awareness-raising activity [J]. Language Awareness, 2016, 25 (3).

CHRISTENSEN M B. 你好 and greeting strategies in Mandarin Chinese [J]. Journal of the Chinese Language Teachers Association, 2006, 41 (3).

CROSSLEY S A, LOUWERSE M M, MCCARTHY P M, et al. A linguistic analysis of simplified and authentic texts [J]. The Modern Language Journal, 2007, 91 (1).

CRYSTAL D. English worldwide [M] //DENISON D, HOGG R M. A History of the English language. Cambridge: Cambridge University Press, 2006.

CRYSTAL D. Two thousand million? [J]. English Today, 2008, 24 (1).

DU BOIS J W. Discourse and grammar [M] //TOMASELLO M. The new psychology of language: cognitive and functional approaches to language structure, vol 2. London: Erlbaum, 2003.

DU BOIS J W. The stance triangle [M] //ENGLEBRETSON R. Stancetaking in discourse: subjectivity, evaluation, interaction. Amsterdam: Benjamins, 2007.

DU BOIS J W. Towards a dialogic syntax [J]. Cognitive Linguistics, 2014, 25 (3).

EISENCHLAS S A. On-line interactions as a resource to raise pragmatic awareness [J]. Journal of Pragmatics, 2011, 43 (1).

FIRTH J R. The technique of semantics [M] //FIRTH J R. Papers in linguistics 1934-1951. Oxford: Oxford University Press, [1935] 1957.

GILMORE A. "I prefer not text": developing Japanese learners' communicative competence with authentic materials [J]. Language Learning, 2011, 61 (3).

GILMORE A. Authentic materials and authenticity in foreign language learning [J]. Language Teaching, 2007, 40 (2).

GOODWIN C. Participation, stance, and affect in the organization of activities [J]. Discourse and Society, 2007, 18 (1).

GOODWIN M H, CEKAITE A, GOODWIN C. Emotion as stance [M] //SORJONEN M-L, PERAKYLA A. Emotion in interaction. Oxford: Oxford University Press, 2012.

GRADDOL D. The decline of the native speaker [M] //GRADDOL D, MEINHOF U H. English in a changing world (AILA Review, 13). 1999.

HERITAGE J, CLAYMAN S. Talk in action: interactions, identities, and institutions [M]. Oxford: Wiley-Blackwell, 2010.

HERITAGE J. Conversation analysis [M] //HERITAGE J. Garfinkel and ethnomethodology. Cambridge: Polity Press, 1984.

HOPPER P. Emergent grammar [M] //TOMASELLO M. The new psychology of language: cognitive and functional approaches to linguistic structure. Englewood Cliffs, NJ: Erlbaum, 1998.

HYMES D. Introduction: toward ethnographies of communication [J]. American Anthropologist, 1964, 66 (6).

IWASAKI S, YAP F H. Special issue: stance-marking and stance-taking in Asian languages [J]. Journal of Pragmatics, 2015, 83.

IWASAKI S. A multiple-grammar model of speakers' linguistic knowledge [J]. Cognitive Linguistics, 2015, 26 (2).

JAKOBSON R. Chapter two [M] //LEVI-STRAUSS C, JAKOBSON R, VOEGELIN C F, et al. Results of the conference of anthropologists and linguists: memoir 8 of the International Journal of American Linguistics. Baltimore: Waverly Press, 1953.

JIN T, LU X, NI J. Syntactic complexity in adapted teaching materials: differences among grade levels and implications for benchmarking [J]. The Modern Language Journal, 2020, 104 (1).

JING-SCHMIDT Z, TAO H. The Mandarin disposal constructions: usage and development [J]. Language and Linguistics, 2009, 10 (1).

LARSEN-FREEMAN D. Techniques and principles in language teaching [M]. Oxford: Oxford University Press, 2000.

LIU H (刘华), FANG Q (方沁). 汉语教学用话题库及话题分类影视资源库构建 [J] [Constructing a topic bank and a topic-oriented video library for Chinese teaching]. 世界汉语教学 [Chinese Teaching in the

World], 2014, 28 (3).

LIU R (刘锐), WANG S (王珊). 运用真实语料开发国际汉语教材: 理论与实践 [J] [Using authentic materials for developing TCSL textbooks: Theory and practice]. 语言教学与研究 Yuyan Jiaoxue Yu Yanjiu [Language Teaching and Linguistic Studies], 2021 (1).

LIU Y, YAO T-C, BI N, et al. Integrated Chinese: Textbook and DVD: Level 1: Part 1 [M]. 3rd ed. Boston: Cheng & Tsui Publisher, 2008.

MALINOWSKI B. The problem of meaning in primitive languages [M] //OGDEN C K, RICHARDS I A. The meaning of meaning: a study of the influence of language upon thought and of the science of symbolism. London: Kegan Paul; New York: Harcourt Brace, 1923.

MARKEE N. Conversation analysis [M]. Mahwah, NJ: Lawrence Erlbaum, 2000.

MCGINNIS S G. A pragmatic analysis of Mandarin interrogatives: data from modern Taiwan drama [D]. Columbus, OH: The Ohio State University, 1990.

MISHAN F. Designing authenticity into language learning materials [M]. Bristol: Intellect Books, 2005.

MORROW K. Authentic texts in ESP [M] //HOLDEN S. English for specific purposes. London: Modern English Publications, 1977.

NUNAN D. Designing tasks for the communicative classroom [M]. Cambridge: Cambridge University Press, 1989.

PINNER R. Authenticity of purpose: CLIL as a way to bring meaning and motivation into EFL contexts [J]. Asian EFL Journal, 2013, 15 (4).

PORTER D, ROBERTS J. Authentic listening activities [J]. English Language Teaching Journal (ELT Journal), 1981, 36 (1).

RINGS L. Authentic language and authentic conversation texts [J]. Foreign Language Annals, 1986, 19 (3).

SCHUMANN J, FAVAREAU D, GOODWIN C, et al. Language evolution: what evolved? [J]. Marges Linguistiques, 2006, 11.

SIDNELL J, STIVERS T. The handbook of conversation analysis [M]. Oxford: Wiley-Blackwell, 2012.

SINCLAIR J. Beginning the study of lexis [M] //BAZELL C E, CATFORD J C, HALLIDAY M A K, et al. In memory of J. R. Firth. London: Longman, 1966.

STIVERS T. Modified repeats: one method for asserting primary rights from second position [J]. Research on Language and Social Interaction, 2005, 38 (2).

STOKOE E. The (in)authenticity of simulated talk: comparing role-played and actual interaction and the implications for communication training [J]. Research on Language and Social Interaction, 2013, 46 (2).

STUBBS M. Text and corpus analysis: computer-assisted studies of language and culture [M]. Oxford: Blackwell Publishers, 1996.

SU D (苏丹洁), TAO H (陶红印). 利用真实语料进行口语教材编写和教学——*Working with Spoken Chinese* 作者陶红印教授专访 [Developing spoken Chinese teaching texts based on authentic materials] [M] //周小兵. 国际汉语(第三辑) [ZHOU Xiaobing. Guoji Hanyu 'Chinese Language in the World'. 广州: 中山大学出版社 [Guangzhou: Sun Yat-sen University Press], 2014.

SU D, TAO H. Teaching the Mandarin utterance-final particle le through authentic materials [J]. Chinese as a Second Language Research, 2018a, 7 (1).

SU D, TAO H. Teaching the shi...de construction with authentic materials in elementary Chinese [J]. Chinese as a Second Language Research, 2018b, 7 (1).

SU D. Grammar emerges through reuse and modification of prior utterances [J]. Discourse Studies, 2016, 18 (3).

SU D. Significance as a lens: understanding the Mandarin ba construction through discourse adjacent alternation [J]. Journal of Pragmatics, 2017a, 117.

SU D. Semantics and chunking in written and conversational discourses: a corpus study of two near-synonymous words in Mandarin [J]. Chinese Language and Discourse, 2017b, 8 (1).

SU D. Discourse-pragmatic functions of a Chinese topic-comment construction and L2 teaching strategies based on authentic media materials [J]. Taiwan Journal of Chinese as a Second Language, 2018, 16 (1).

TANNEN D. Repetition in conversation as spontaneous formulaicity [J]. Text, 1987, 7 (3).

TANNEN D. Talking voices: repetition, dialogue, and imagery in conversational discourse [M]. New York: Cambridge University Press, 1989.

TAO H, SALABERRY M R, YEH M, et al. Using authentic spoken language across all levels of language teaching: developing discourse and interactional competence [J]. Chinese as a Second Language Research, 2018, 7 (1).

TAO H, THOMPSON S A. The discourse and grammar interface: preferred clause structure in Mandarin conversation [J]. Journal of the Chinese Language Teachers Association, 1994, 29 (3).

TAO H (陶红印). 试论语体分类的语法学意义 [Discourse taxonomies and their grammatico-theoretical implications] [J]. 当代语言学 [Dangdai Yuyanxue 'Contemporary Linguistics'], 1999 (3).

TAO H. The gap between natural speech and spoken Chinese teaching material: toward a discourse approach to pedagogy [J]. Journal of the Chinese Language Teachers Association, 2005, 40 (2).

TAO H. Subjectification and the development of special-verb existential/presentative constructions [J]. Language and Linguistics, 2007, 8 (2).

WALLACE C. Reading [M]. Oxford: Oxford University Press, 1992.

WEBB S. A corpus driven study of the potential for vocabulary learning through watching movies [J]. International Journal of Corpus Linguistics, 2010, 15.

ZHOU X (周小兵), BO W (薄巍), WANG L (王乐), et al. 国际汉语教材语料库的建设与应用 [Construction and application of the TCSOL material corpus] [J]. 语言文字应用 [Applied Linguistics], 2017 (1).

ZHOU X (周小兵), ZHANG Z (张哲), SUN R (孙荣), et al. 国际汉语教材四十年发展概述 [A review of forty years of development in Chinese second language textbook material development worldwide] [J]. 国际汉语教育 (中英文) [International Chinese Language Education], 2018, 3 (4).

ZYZIK E, POLIO C. Authentic materials myths: applying second language research to classroom teaching [M]. Ann Arbor: University of Michigan Press, 2017.

SU Danjie (苏丹洁), 美国阿肯色大学世界语言文学文化系

danjiesu@uark.edu

(责任编辑　张念)

对外汉语阅读教材中的篇章技能训练反思[①]

朱 勇　刘 栩　冯雪莹

摘　要：阅读课的主要目的是帮助学习者通过阅读学会阅读。阅读技能训练是阅读课的重要内容之一，也是技能型阅读教材编写的重点。英语阅读教学界的研究成果较为成熟，本文以 *Developing Reading Skills* 为基础，与对外汉语教学界较受欢迎的《中级汉语阅读教程》中的篇章技能训练方法进行对比，并在此基础上对汉语阅读技能的训练提出建议，以期对今后阅读教材中技能训练的内容选择和训练方式设计等起到促进作用。

关键词：*Developing Reading Skills*；《中级汉语阅读教程》；篇章阅读；技能训练

对第二语言学习者，尤其是语言水平不够高的学习者，阅读的主要目的是语言学习，阅读课的主要目的是"通过阅读学会阅读"。阅读技能教学是其中的应有之义。刘颂浩（2018）强调，中级阶段的阅读课主要目的是在理解阅读内容的基础上积累语言知识，从而提高阅读能力。阅读教学过程中，教材起到了重要的作用。好用的阅读教材可以提高教学效率，起到事半功倍的作用；反之，不好用的教材会给教师备课、讲课以及学生学习带来很大的困难（刘颂浩等，2016：175）。本文将英语教学界成熟的研究成果作为他山之石，与对外汉语教学界较受欢迎的《中级汉语阅读教程》（第二版）（下文简称为《汉语阅读》）中的篇章技能训练方法进行对比，并在此基础上对汉语阅读技能的训练提出建议，以期对汉语阅读技能训练起到促进作用。

周小兵、张世涛主编（1999）的《中级汉语阅读教程》是面向中级水平学生的、比较典型的技能型阅读教材，有阅读Ⅰ和Ⅱ两本。阅读Ⅰ侧重字词句技能训练，阅读Ⅱ侧重篇章技能训练，本文只针对阅读Ⅱ进行对比分析。该教材使用者众多，有较大的影响，2010年该系列教材获评"优秀国际汉语教材奖"，是第五届孔子学院大会评出的20种优秀教材之一。徐霄鹰、周小兵（2009）的《汉语阅读》是对该教材进行修订的第二版。*Developing Reading Skills*

[①] 本文是北京外国语大学双一流建设科研项目"留学生汉语动态发展数据库建设"（YY19SSK05）成果之一，感谢周小兵教授和匿名审稿专家对本文提出的宝贵建议！

(下文称为《英语阅读》）是 Grellet 所著，1981 年英国剑桥大学出版社出版（1986 年第 7 次印刷）。该书初版后第 20 个年头的 2000 年，人民教育出版社又将其引进国内出版。《英语阅读》不是一本阅读教材，而是对英语阅读界教材进行的系统研究，是一本基于教材编写实践的理论性著作。该书主要面向英语作为二语的教师，也同样适用于其他语种的教师。书中详细地对阅读技能进行了分类和描述，从传统的多选题到各种原创性练习，练习形式非常丰富。

虽然《英语阅读》初版较早，但 20 年后却被著名的人民教育出版社引进出版，足以说明该书的重要价值。因此将《汉语阅读》中的篇章技能训练方式与《英语阅读》提出的阅读技能训练形式进行对比、讨论，通过比较为汉语阅读教材的编写提供参考，具有一定的应用价值。

关于阅读技能的分类有很多种，不少是列举式呈现的，并没有统一的分类标准。本文按照字词、句子和篇章这样的语言单位层级将汉语理解能力分为三部分：字词处理能力、句子理解能力和篇章阅读技能。字词处理能力和句子理解能力主要在初级阶段进行，篇章阅读技能的培养则主要在中级水平以上进行。本文讨论的具体问题是：①汉语篇章阅读技能的具体构成是怎样的？②目前的汉语阅读教材中的技能训练方式方法有哪些？跟国外成熟的阅读教材比起来尚存哪些不足？③汉语阅读技能训练的突破点有哪些？阅读教材中应如何体现？

1 汉语篇章阅读技能构成

周小兵等（2008）在第一版《汉语阅读》的基础之上对阅读技能做了清晰的分类。他们认为，所谓阅读技能，主要包括词语学习（根据多种线索理解生词的意义）、句子理解（难句理解）、篇章把握（准确找出主题句，根据连接词等明确逻辑关系）、快速阅读等内容。他们还特别指出，中级阅读技能训练应该以篇章理解为主，其中所包含的主要技能训练项目有：寻找文章主要观点和细节、预测、评读、提高阅读速度、不同问题的阅读等；同时，中级阶段也应把初级阶段的一些技能纳入段落或篇章中加以复习和训练。徐霄鹰、周小兵（2009）在《汉语阅读》中将阅读技能分为如下几类：猜词，句子理解，段落理解，全文大意概括，抓标志词，预测，扩大视幅，组读。Grellet（1981）根据 John Munby 的交际大纲（Communicative Syllabus Design）将主要阅读技能做了列举，例如：识别文字，推测不熟悉词语项目的意义和用法，理解明确表述的信息，理解未明确表述的信息，理解概念意义，理解句子的交际价值（功能），理解句子间的关系，通过词语联结机制理解文章段落间的关系，解释文本中的言外之意，等等。

综合前人的研究来看，目前的阅读技能分类多为列举性的，我们可以更加系统地对之进行分类。本文尝试将篇章层级的阅读技能分为篇章理解能力、作品评估能力、预测能力和快速阅读技能（表1）。

表 1 篇章阅读技能构成

技能		内　　容
篇章理解	掌握文章结构	对文章结构和连贯性有所感知
		总结段落大意
		划分文章组织结构
	抓主要观点	借助标题的帮助
		识别关键词
		确定主题句
		归纳主要观点
		避免相关观点的干扰
	抓关联词	重复和补充、顺序与分类、原因与来源依据、转折—对比、结论与概括
	了解支撑细节	顺序、描写方法、对比和比较、分类、支持和反对、因果
	理解代词的指代内容	了解代词的指代对象
作品评估	对文章的整体评估	了解文章类型及对应的写作方法
	区分事实和观点	区分事实描写和观点陈述
	了解作者意图、态度和语气	正确判断作者的意图、态度和语气
预测	对文章内容进行预测	通过读前活动预测
		根据常识预测
		通过标题或关键词预测
		根据非文本内容预测
		根据上下文预测
		根据关联词预测
快速阅读	提高阅读速度	限时阅读
		快速阅读文章练习
		查读
		扩大视幅

2　对外汉语阅读教材中的篇章技能训练

从表 1 可知汉语阅读技能的构成情况。前面我们已经介绍过《汉语阅读》，它是中国对外汉语阅读技能型教材的开拓者，极大地推动了汉语阅读技能教学，对技能型汉语阅读教材的编写和阅读技能课堂教学有着广泛的影响。不过，尽管《汉语阅读》是一本优秀的技能型教材，但是在阅读技能训练方面仍有值得进一步改进、完善之处。下面我们将对那些在《汉语阅读》中未受重视的阅读技能进行重点阐述，希望"他山之石，可以攻玉"。

2.1　篇章理解能力

2.1.1　抓文章主要观点

一般来说，文章总是先有主要观点，然后围绕这个观点，根据一定的逻辑关系把句子、段落组织起来。所以，在阅读时如果能快速准确地把握文章的主要观点，对提高阅读速度和加强理解有很大的帮助。关于抓文章主要观点的部分，两本教材在练习方式上有明显的不同。《汉语阅读》绝大部分属于正向思维的练习，而《英语阅读》除了正向思维的练习方式外，还比较注重反向预测和训练（表 2）。我们认为，通过反向训练强化学生对文章主要观点的认知能力和实际运用能力，有必要引入汉语阅读技能训练当中。

表 2　抓主要观点对比

课本	训练方式	练习实例
英语阅读	正向思维	1. 给出短文，找出主题词、主题句，从备选答案中选择主要观点； 2. 给出短文，画出与文章内容不一致的句子
	反向思维	给出关键词、标题，预测文章内容

续表2

课本	训练方式	练习实例
汉语阅读	正向思维	1. 给出短文，找出主题词，画出主题句，写出主要观点； 2. 给出段落，判断给出的观点是主要观点、与主要观点有关的观点，还是与主要观点无关的观点

2.1.2 分析文章结构

文章是有机联系的统一整体，文章的各个部分总是按照一定的逻辑关系组织起来的。有的文章逻辑结构较为清晰，如针对"总—分—总"类的文章就不需要做过多的分析，只要理解了文中词语、句子的意义，理解文章的意义就基本没有困难。但有的文章结构较为复杂，且多种观点并存，要想真正读懂，就必须对其整体结构进行分析和整理，否则读者只会越读越糊涂，哪怕每个词的意思都了解，也无法明了文章的真正意义。

关于文章结构的分析，《汉语阅读》没有提及，一些活动如"请将下面一组句子按顺序组成一段话，分析这段话的主要观点。"看似是在分析文章结构，实际上是在训练其他技能。《英语阅读》则对文章结构进行了详细的讲解。《英语阅读》对文章结构的分析分为三个步骤：整体感知—逐段理解—总体分析，其中后两步是重点。《英语阅读》首先对文章中每个段落大意进行归纳，这是划分文章结构的基础。之后则是画出文章的组织结构图，帮助读者了解文章整体结构，例如："After reading the text called 'The last bus on Donington-on-Bain' can you complete the diagram that follows?"（119 页，练习 3）值得一提的是，《英语阅读》的训练方法并不是单一的正向练习——给出文章之后分析其结构，而是加入反向思维，让学生自己将一组句子按照一定的逻辑和结构组织成文，例如："Can you reorder the following sentences so as to form a coherent paragraph?"（122 页，练习 5）双管齐下，让学生设身处地深入体会作者的写作思路，从而更好地理解文章的组织结构。我们认为，《英语阅读》对分析文章结构的训练值得参考和借鉴。

2.1.3 掌握文章细节

在清楚阐释文章主要观点的基础之上，为了让自己的观点和叙述有足够的说服力，作者需要用大量的细节、描述来对主要观点进行说明。这些展开叙述的部分就是文章细节。《英语阅读》中将细节归结为如下几种：时间、描述（从上到下，从里到外，从大概描写到细节描写）、类推和对比、分类、支持或反对。练习实例见表3。《汉语阅读》未设专门章节对文章细节进行训练，但有时会设置针对文章细节的选择题。

表3 《英语阅读》掌握文章细节的练习实例

文章细节	练习实例
时间	1. 给出文章，根据文章内容，用表示时间的词语完成句子； 2. 给出乱序的图片、菜谱、小说中的片段等，将其按照时间顺序排列
描述	给出文章，判断其代表哪种类型的描述
类推和对比	给出文章，填写表格或者画树形图
分类	给出文章，完成树形图

续表3

文章细节	练习实例
支持或反对	1. 给出文章，判断文章中画线的表述是支持还是反对； 2. 给出文章，找到文章中表示支持和反对的所有句子

在文章细节的训练方法上，《英语阅读》的设计特点主要表现在以下方面：①训练方法丰富多彩。《英语阅读》运用了排序、连线、对比、树形图等多种形式，而《汉语阅读》中的练习内容有些单一，只有针对文章细节的选择题。②内容呈现形式多样化。除了常规的文字形式外，《英语阅读》还使用了插图、漫画、菜单、书本等与生活关系密切的内容。③按难度分层练习同一技能。对同一种类型的练习，《英语阅读》并非仅仅使用一次，而是改动某些设计，让练习在难度上拉开层次。例如，在"分类"训练上，《英语阅读》采用了树形结构图，并将其分为三步：第一步，给出较简单文章的结构图，其中的内容全部空着，让学生填空；第二步，给出较复杂文章的结构图，其中部分内容已经填好，学生补充即可；第三步，只给较为复杂的阅读文章，结构图及其中的内容都需要学生自己完成。这几种练习之间逐层递进、环环相扣，让学生通过重复但又递进的反复训练较好地掌握该技能。由此可见，《英语阅读》的这些特点很有参考价值。

2.1.4 对代词的理解

代词是文章写作中不可或缺的成分，它们往往用来指代文中已经出现或即将出现的内容（单个词语、短语或句子）。如果不能理解这些代词的意义，就无法正确理解文章的意义。在一般句子中，代词的指代对象是相对简单、容易理解的；但在某些情况下，则可能会造成理解的困难。例如，代词与被指代词之间的距离远则理解会有一定困难，形成语法难句；多种可能的指代关系也会造成语法难点。（王大伟，1998）例如：

> The whale had lived 85 days. Her care had cost about $100,000. Was it worth it?

这里的两个 it 形式相同，但指代内容不同，会给读者带来理解上的困难。《汉语阅读》未进行这方面的训练，《英语阅读》则进行了专门练习。练习方式有：①给出一篇文章，判断文章中的代词是前指还是后指、指代什么并填写表格；②给出一篇文章，在文章中用箭头画出代词所指代的内容。

2.1.5 对标志词的理解

标志词就像英语中的标记语（signal words）一样，"它们与句子表层结构的联系不甚密切，有时候把它们省去并不影响句子结构的完整，然而它们却是维系篇章语义连贯的纽带。因此，在教学中有必要引导学生从标志语中去发现句与句、段落与段落之间的逻辑关系，以免因偏离作者的思路而造成误解"（刘慧君，1993）。

《汉语阅读》和《英语阅读》深明此义，均对标志词进行了理解训练，但在训练的具体方法上有较大的差别，主要表现在两方面：第一，训练步骤的差别。《汉语阅读》首先让学生在给出的标志词中选择符合要求的标志词，然后在"精讲多练"原则的指导下，详细讲解标志词的意义和作用，之后通过找出文章中的标志词、填空练习、根据标志词预测文章内容等方式来训练学生对标志词的理解和运用能力。《英语阅读》则采用循序渐进的发现式教学法，首先让学生在一篇文章中替换、改写其中的关联词，总结出关联词的类型和意义；然后进行选词填空和填空练习，以此来巩固学生的知识、加深记忆；最后则是更高难度的理解性练习，让学生自己将一组零散的句子用关联词连成一篇完整的文章，训练学生对篇章的组织理解能力。我们认为：这样的环环相扣、循序渐进，可以让学生深刻地理解、掌握标志词的用法。第二，练习形式的差别。《汉语阅读》中的练习数量较多，但种类单一，多为理解性练习，即完成句子、找出文章中的标志词；《英语阅读》中的练习形式较为丰富，既有替换、改写等知识性练习，也有选词填空、组织文章等理解性练习。我们认为，汉语阅读技能的教学可引入发现式教学法，并适当丰富练习形式。

2.2 作品评估能力

对一篇文章进行分析、判断和评价，这就是我们所说的作品评估能力。如果无法正确地评估作者的态度、语气和文章的作用，就算读懂了字面意思，对文章的理解也会出现偏差。因此，作品评估能力是一种较高层次的技能。两本教材中都用了专门的章节来进行训练。它们对于评估作品技能的训练内容基本一致，可分为两大类：区别事实和观点，评估作者意图、态度和语气。训练内容都较为全面，练习实例见表4。《英语阅读》的训练更为细致，学生不仅要了解作者的意图，还要明确自己根据哪些线索了解了作者意图。我们认为，对学生思维过程的干预是十分必要的，汉语阅读技能训练应对此多加关注。

表4 作品评估能力对比

课本	训练内容	练习实例
英语阅读	区别事实和观点	判断陈述是事实还是观点
英语阅读	评估作者意图、态度和语气	1. 给出文章，从若干选项中选出作者的态度、意图、语气； 2. 将标题、句子、短文等两两对比，判断作者的态度并将自己判断的依据写下来
汉语阅读	区别事实和观点	给出文章，判断文章中的每一句话是事实还是观点
汉语阅读	评估作者意图、态度和语气	给出文章，判断文章中作者的意图、态度或语气（直接判断或从选项中选择答案）

2.3 预测能力

阅读过程并不是读者被动接受文字和信息输入的过程，而是读者已有的背景知识对文本内容进行主动解码的过程。阅读时，读者会根据读到的内容激活脑海中已有的知识，不断对文章内容做出预测，并得到确认或修正。如果在阅读中能迅速及时地做出正确的预测，就可以在一定程度上提高阅读速度。因此，对后面的内容进行预测是阅读中一项非常重要的技能。两本教材对预测技能的训练内容及训练方法如表5所示。

表5　预测技能训练的对照

课本	训练途径	练习实例
英语阅读	读前活动	1. 提出与文章有关的问题或给出一组图片，预测文章可能的内容及主旨； 2. 给出一个题目和若干选项，预测哪个是文章的主旨； 3. 给出一组词，组合成一篇文章
	标题或关键词	1. 给出文章的标题，猜测内容； 2. 给出几个关键词，扩充成完整的文章
	非正文内容	给出报纸的索引，书本的前言、后记或目录，根据提出的问题找到答案
	上下文	1. 给出左右分开的两栏，左侧是原文的各段，右侧是一些选项，每读完左栏的句子，就从右栏的选项中选择可能的下一句； 2. 给出不完整的文章，预测结尾； 3. 将文章分成小部分，预测在每个分支点可能的下文
汉语阅读	常识	给出文章，预测其中空缺的内容并进行填写，或从备选答案中选择，有时需要说出推测的依据
	上下文	
	意义的重复、对应与递进	
	句子之间的关系和形式	

从表5可以看出，两本教材虽然都对预测技能进行了训练，但在具体预测方法的分类和训练上却截然不同。《英语阅读》通过读前活动、标题或关键词、非正文内容和上下文进行预测训练，《汉语阅读》中则根据常识、上下文、句子的意义类型和句子之间的关系进行预测。我们认为两本教材中的方法都有一定的合理性，可以互为补充。

根据场合的不同，预测可以分为两种：阅读前预测和阅读中预测。根据预测方法不同，预测可以分为两种：基于句法的和基于世界知识的推理（崔耀、陈永明，1996）。阅读前预测一般是基于学生的世界知识，也即学生的背景图式，主要方法是通过阅读前的一些课堂活动，如标题分析、话题引入、相关背景介绍等来激活学生头脑中已有的图式，为即将到来的阅读准备好相关知识，对文章的内容和主题做出正确预设。例如，老师可以让学生围绕标题回忆相关知识，或是给学生提几个与文章有关的问题，激活学生脑海的相关知识；老师也可以给一些相关图片，让学生根据图片进行讨论，从而对文章内容有一定的预期。通过阅读前的准备工作，激发学生的阅读兴趣，让他们准备好相关知识，阅读过程会更顺畅，阅读效果也会更好。两本教材中只有《英语阅读》中对这部分进行了专门训练。

在阅读过程中，成熟的读者会不断根据前面读到的内容和句法知识预测后面的内容。预测总是建立在一定的基础上的，《英语阅读》中提出可以根据关键词和上下文来预测，《汉语阅读》则提出根据常识、上下文、句子的意义类型、句子之间的关系来预测。此外，《英语阅读》中还专门提出了根据非文本内容预测的方法。在现实生活的阅读中，我们阅读的对象多种多样，可能是书本、报纸、杂志、菜谱、时刻表、明信片等多种文本。在阅读这些资料的过程中，非文本内容也是非常重要的部分，如插图、表格等都可以成为我们预测阅读内容的重要线索。因此，汉语阅读教材有必要引入根据非文本内容预测的训练方式。

2.4 快速阅读技能

现在的阅读课上，我们没有或很少对学生进行阅读速度的训练。一般的阅读课授课速度往往很慢，对词语、句式和语法点逐个进行解释，一课书往往要上6~8学时，这就养成了学生逐词慢读的习惯（周小兵，1990）。但日常生活中的阅读不同于课堂阅读，并不追求每字每句都能读懂，只要在最短的时间内了解文章大意即可。提高阅读速度，既可以有效地提高阅读效率、养成良好的阅读习惯，同时也能帮助阅读者尽可能扩大阅读量、增加输入。因此，提高阅读速度、培养学生速读技巧也成为两本教材训练的重要内容。两本教材对阅读速度的训练内容及具体方法如表6所示。

从表6可以看出，《英语阅读》有专门的快速阅读训练手段，《汉语阅读》则主要从扩大视幅方面提高阅读速度。两本教材都提到了查读对于快速阅读的重要作用。

表6 快速阅读训练对比

课本	技能	练习实例
英语阅读	限时阅读	计时阅读
	快速阅读	1. 只给文章的第一段和最后一段（标题和每段第一句、几个关键词），猜测文章大意； 2. 只给某些段落和句子，猜测遗漏部分； 3. 一篇长文，间隔抽走其中几段，根据前后文提问，猜测段落大意； 4. 给一组书目，猜测每本书的主要内容，或是将书名和内容概括进行匹配
	查读	1. 给一段文章，针对文章细节提出几个问题，选择正确答案、判断正误或快速回答问题； 2. 给出书本前言目录、报纸索引等，提出问题，要求学生回答
汉语阅读	视幅训练	1. 给出句子，按词分开； 2. 用斜线和标点将句子划分为若干词组，以词组为单位进行阅读，并回答问题； 3. 给出句子，按主、谓、宾、定、状、补六大成分切分开，扩展句子的定、状、补成分； 4. 用斜线将句子划分为六大成分，以六大成分为单位进行阅读； 5. 给出短文，将每个句子按主、谓、宾三大成分切分开； 6. 给出一篇文章，主、谓、宾每个成分作为一行进行排列，逐行阅读，每次阅读整行，然后判断正误、连线
	查读	给出电话号码、时刻表等，提出问题，要求学生回答在哪一页可以找到信息

《英语阅读》从篇章层面练习限时阅读、快速阅读后回答问题以及查读，主要方法是通过大量的阅读练习，培养学生快速阅读的意识，强化学生快速阅读的习惯。《汉语阅读》则从微观的词组句子层面提出扩大视幅这种训练方法。视幅是指眼球不动的时候，能识别的文字数量的视觉宽度。视幅比较窄的阅读者，通常一次只能识别一两个汉字；视幅比较宽的阅读者，眼球不动时能识别七八个以至十几个汉字（徐霄鹰、周小兵，2009）。沈德立等（2010）通过三个眼动实验，证明了初学者在阅读汉语句子过程中，词的切分比字的切分更为重要。阅读者若能摆脱逐字逐句阅读的习惯，一次可处理的文字内容便会大大增多，阅读速度自然会得到极大提高。因此，《汉语阅读》把扩大视幅作为一项重要的技能进行训练，主要的练习方法就是要求学生在连贯的句子、段落中划分出若干个意义片段，对其进行整体认知和理解，并有意识地保持眼球不动阅读意义单位（从单个词语到词组，再到短句）。这样不但可以帮助理解，也能提高阅读速度。阅读后加入了回答问题的部分，以检验学生的理解程度。

我们认为，两本教材中提到的方法可行，且互为补充。如果今后的阅读教材能融合两本教材的练习内容，也许能达到更好的效果。

3 对汉语阅读教材编写的启示

近年来对外汉语阅读教材已经取得了不小的进步，技能训练方式也日渐丰富。但从我们的教材练习来看，训练方式虽然不少，但是围绕同一技能的训练方式有时候略显单一，未能综合运用。而单一化的训练方式很难达到理想的训练效果，阅读技能训练要注意多样性原则。现有教材中使用的练习形式比较固定，一般是填空题、选择题和判断题。《英语阅读》的练习形式多种多样，通过连线、识图、看图说话、组词成句、组织结构图、文章重组等练习形式，既避免了单调的练习带来的枯燥感，可以充分调动学生的积极性，又能有的放矢。《英语阅读》不仅针对不同的技能采用不同的训练方法，而且针对同一个技能也能采用多种训练方式，非常值得汉语教材借鉴，让学生的阅读技能得到切实的练习和提高。

通过对《英语阅读》中技能训练形式的分析，我们认为在汉语篇章阅读技能训练的具体设计上，多样性可以通过如下方式来实现：

（1）正向练习和反向练习相结合。正向练习比较常见，如训练抓文章主要观点时，常规的练习一般是要求学生找出主要观点或主旨；反向训练则可以给出标题、关键词、主句等，要求学生组合或扩充成完整的文章。

（2）按难度分层练习同一技能。对同一种类型的练习，可尝试通过细微调整来形成不同难度的训练题。篇章能力理解训练虽然从中级开始，但是中级内部也有高低之分，有必要分出不同的难度层级来进行训练。例如，对文章结构的理解训练，难度较低的练习是给出文章各段主旨及结构图，要求学生将各段主旨填入结构图中相应的位置；难度稍高的练习则是只给结构图，不给主旨，要求学生自己总结每段主旨后完成结构图；难度最高的练习则只给文章，要求学生阅读后自己画出文章的详细组织结构图。这三种练习难度从低到高，每种练习都在前一种练习的基础上逐层递进，让学生的能力从低级到高级逐步得到训练。

（3）对训练内容进行细分。对某一项技能，不是仅仅根据主要技能进行一两项训练就结束，而是将技能里的内容拆分开来分别训练。例如对了解作品功用的训练，就能细分出作品的类型、作者、读者群、写作目的等，从而进行针对性训练。这样既能增加训练量，也能让学生对各项技能的理解更细致准确。

（4）对思维过程进行干预。对某一项技能，不能仅仅关注训练的结果，也要关注训练的过程。例如对了解作者意图的训练，不仅要关注学生对作者意图的了解是否准确，也要关注学生依据了哪些线索。

（5）利用非文字元素。符号、图画等非文字元素都可以运用到练习中。例如，在训练对文章细节内容的理解时，可以结合插图来配合相应的文字描写，要求学生对插图进行排序、标注或描述来训练学生的理解能力。在训练文章整体结构的理解能力时，通过树形图或其他思维导图来帮助学生理解文章。当然，使用量要适度，要建立在技能本身的特点和练习目的之上，不能为了追求形式而盲目运用。

对外汉语阅读教材20年来取得了丰硕的成果，但通过对比不难发现，我们前进的空间依然很大，希望通过本文的对比研究能够给汉语阅读技能训练以启示。当然，在借鉴西方研究成果的同时，我们也应该因地制宜，只有结合了汉语的特点才会有的放矢，否则只是隔靴搔痒（刘颂浩 等，2016：177）。

参考文献

崔耀，陈永明.阅读理解中的预期推理［J］.心理学报，1996（3）.
刘慧君.篇章的深层语义与英语阅读教学［J］.苏州大学学报（哲学社会科学版），1993（2）.
刘颂浩.对外汉语阅读教学研究四十年［J］.国际汉语教育（中英文），2018（4）.
刘颂浩，朱勇，范红娟.汉语阅读教学研究［M］.北京：北京语言大学出版社，2016.
沈德立，白学军，臧传丽，等.词切分对初学者句子阅读影响的眼动研究［J］.心理学报，2010（2）.
王大伟.关于阅读理解中语法难句的认知研究［J］.外语与外语教学，1998（11）.
徐霄鹰，周小兵.中级汉语阅读教程［M］.北京：北京大学出版社，2009.
周小兵.对外汉语教学中的速读训练［J］.汉语学习，1990（4）.
周小兵，张世涛主编.中级汉语阅读教程［M］.北京：北京大学出版社，1999.
周小兵，张世涛，干红梅.对外汉语阅读教学理论与方法［M］.北京：北京大学出版社，2008.
GRELLET F. *Developing Reading Skills*：a practical guide to reading comprehension exercises［M］.Cambridge：Cambridge University Press，1981.

朱勇，刘栩，冯雪莹，北京外国语大学中文学院，100089
zhuyong@bfsu.edu.cn

（责任编辑　洪炜）

《中国研习》的研制与开发:探究中国之路

吴勇毅

摘 要:《中国研习》是一套专门为外国中小学生(K1-12)开发的中国社会文化探究教材。它主要采用主题方式设置学习单元,以探究式方法开展教学,以问题为引导,以活动为形式,以体验来感知,以过程性评估和自我评估衡量学习效果。此类教材以往没有,《中国研习》在教材开发的理念和编写上都有不少创新之处,版权也被越来越多国家的出版社所购买。

关键词:《中国研习》;社会文化;教材开发;理念与特点;探究式学习

《中国研习》(中英双语)最初是为在中国的国际学校[①]1~12年级(即小学到高中阶段,K1-12)学生开发的一套中国文化与社会探究教材,中英双语版(主编吴勇毅,副主编刘弘,华东师范大学出版社,2018)。因为是专门为中小学外国学生认识中国社会、了解中华文化的历史与现状、帮助他们在中国学习与生活而开发的教材,有知识,有活动,既动脑,又动手,实践性很强,在国际书展上引起了不少国家出版商和教育人士的关注,逐渐地,版权被埃及(阿拉伯语)、泰国(泰语)、南非(阿非利卡语)、乌克兰(乌克兰语)、俄罗斯(俄语)等国出版社买去,于是就变得越来越"国际化"了。《中国研习》一共12册,2019年出版小学的6册[②],2020年出版初中的3册,2021年出版高中的3册。类似的教材以前没有过,其编写理念、编写方式都有不少创新之处。

1 《中国研习》的开发理念

国际文凭组织(the International Baccalaureate Organization, IBO)的教育系统设有小学(PYP)、中学(MYP)、大学预科(DP)和职技(CP)四个教育项目,培养具有国际情怀(international

---

[①] 所谓"国际学校",是指专门为外籍学生提供基础教育的教育机构,比如美国学校、德国学校、法国学校、德威英国国际学校等。按照中国政府的相关规定,这类学校统一称为"外籍人员子女学校",这类学校需要开设专门的课程传授中国的社会文化知识,并以此作为认证办学资格的条件之一。

[②] 《中国研习》(中阿双语版)(1~6册)由埃及 Bayt Alhekma Cultural Investment Company 于2019年出版。

mindedness）的人，目标是使学习者成为探究者（inquirers）、知识渊博者（knowledgeable）、思考者（thinkers）、交流者（communicators）、有原则者（principled）、思想开放者（open-minded）、富有同情心者（caring）、勇于冒险者（risk-takers）、全面发展者（balanced）、反思者（reflective）。在这样的理念和目标引导下，IB 主张鼓励学生通过学习（AL, approaches to learning），培养自己的"沟通能力、思考能力、社会能力、研究能力和自我管理能力"，成为一个会学习的终身学习者；教师则从"基于探究、注重概念理解、在当地和全球情境中开展、注重有效的团队协同与合作、因材施教、多元评价"等多方面展开教学（AT, approaches to teaching）（具体可参阅 Hill & Shum，2015；蔡雅熏、余信贤，2019）。

从理念或概念的角度，《中国研习》的设计在许多地方与 IB 理念和概念是相通的，比如平等看待语言的多样性，欣赏且尊重文化的多元性，以包容、民主的态度对待文化和社会差异，注重各种能力，尤其是思维能力和自主学习能力的培养等。比如，《中国研习》第 4 册第一课的主题是"少数民族"，阅读课文有三段，分别是"中国的人口""中国的方言"和"中国的民族"，在"实践活动"（课文的体例见下）的"说一说"中，我们提出的问题是：①在你的国家，住在城市的人多还是住在农村的人多？②你的国家有方言吗？不同地方的方言区别大吗？③你的国家有多少个民族？④根据中国民族分布图（见教材附录二），说明中国各个民族分布的特点。⑤介绍一个中国的少数民族。

在《中国研习》这套教材中，我们在许多地方采用了多种"对比"的方式，在对比的基础上，让学生独立思考判断，学生不仅可以加深对中国社会文化的了解，懂得尊重他国文化，还可以更加深切体会和加深对自己母国的社会文化的认识；学习者不仅要探究中国社会和文化（问题④⑤），也要去探究自己母国的社会文化（问题①②③），这种理念也是类似 IB 这样的国际课程所竭力提倡的。

作为一套研习中国文化和社会的教材，我们非常希望通过学习和使用这套教材，能够使更多的国际学生认识中国、了解中国；能够有他们自己的学习、观察、体验与思考，不仅掌握一些中国文化的风俗习惯、中国人的行为方式，了解一些中华文明的发展与创造，而且能逐渐形成自己对中国文化和社会历史的价值判断。因此，这套教材的开发与编写不只是参考了 IB 课程大纲，也吸收了中国教育部基础教育课程教材发展中心（NCCT）"外籍人员子女学校认证标准"中有关中国文化课程教学的要求。

2 教材的编写方式与特点

为提升学生的核心素养和能力，《中国研习》主要采用了主题方式设置学习单元，以探究式方法（inquiry-based）开展教学，以问题为引导（warm-up），以活动为形式，以体验来感知，以自我评估衡量学习效果。这套教材具有以下几个主要特点。

2.1 以主题方式设置学习单元

主题式教学是以内容为载体（content-based)、以文本的内涵为主题所进行的一种教学活动。《中国研习》的主题尽量考虑到国际学校学生，尤其是在中国的国际学校学生，在学习和生活中可能会遇到各种社会文化现象与内容，并且有意识地引导学生形成对自己的母国文化与中国文化进行比较和思考的习惯，以培养学生的国际情怀和对不同文化的包容与欣赏。

这套教材共 12 册，每册有 12 个单元，每个单元涉及一个主题。比如第二册的主题包括"中国的城市与地理""中国小学生的生活""天气与气温""中国功夫""算数""中国传统游戏""广播体操和眼保健操""过生日""我的老师""五子棋""中国儿歌""中国小吃"，附录则介绍"中国七大地理分区""黄河流域""长江流域"等。教师可以根据学校的安排每周或若干周学习一个单元，也可以根据教学需要选择其中某个单元进行教学。

2.2 以探究式活动来组织教材内容编排

从课程角度说，中国研习作为一门跨学科探究性课程，既要介绍学科内的知识，又要兼顾跨学科领域的知识。为此，这套教材在呈现方式上以探究、活动等多维度方式为主，而非传统的简单的内容灌输。

探究式学习是一个过程，简单地说应包括探究（针对探究问题展开学习、了解内容）、行动（各种活动）与（学习中、学习后/行动中、行动后的）反思。比如，《中国研习》第五册第五课"中国古代计时方法"，"学习目标"是：①了解中国古代的计时方法；②了解中国古代的计时工具；③了解中外计时方法和计时工具的不同。在"阅读课文"里学习了"中国古代计时单位""漏刻"和"日晷"三段材料后，"实践活动"要求学生"想一想"：①在你的国家，古代有哪些计时方法？你还知道哪些国家古代的计时方法？它们的计时单位分别是什么？②如果在野外没有手表和其他现代设备，你该怎么判断时间？"做一做"：制作一个日晷模型，看看它是否可以用来判断时间。"说一说"：①漏刻和日晷这样的计时工具有什么优缺点？②日晷和现代钟表有什么相同点和不同点？"画一画、写一写"：设计一款计时工具，并写出它的功能介绍。整个学习过程充分体现了探究式学习的要素（Gourley，2008）。

以这样一种方式来编排学习内容，既考虑到便于师生有兴趣地使用，又强调在各种探究活动中帮助学生内化和吸收相关的知识和能力，包括不同学科的知识。同时，鼓励学生成为学习的主体；教师则在学生的学习过程中起到有效的引导作用，这对教师也是非常具有挑战性的。

2.3 教材所涉及的中国文化和社会领域十分广泛

为适应国际学校及国际学生有关中国社会及文化课程的需要，《中国研习》系列教材所涉及的内容不仅仅局限于狭义的中国文化范畴，而是拓展到中国艺术（包括音乐、戏剧、视觉艺术等）、政治、经济、历史、地理、科学（包括数学、物理、化学等）等多方面多领域，每一册的单元主题就是按照这些领域来设置安排的；即使是同一主题单元，每册的内容也是不重复的。这与IB课程要跨学科，内容要涉及多种学科领域的理念是一致的。《中国研习》系列教材从九大主题探索中国，即艺术与设计、数学、地理、科学、音乐与戏剧、历史、文学、体育、社会。

2.4 学科知识教学的贯连与融合

我们认为，中国社会文化的教学不仅是中文教师的工作，其他学科的教师也完全可以参与其中，也唯有如此，才能真正使得文化通识在国际教育环境下扎根。例如，体育老师可以跟中文教师合作开展"广播体操""眼保健操"和"拔河"的教学，数学老师可以和中文教师合作开展"九九乘法表""鸡兔同笼"的探究，艺术老师可以跟中文教师合作体验"中国画""泥塑和面人"，科学老师可以和中文教师合作介绍"中国的航天事业"，等等。

这种跨学科的合作教学是国际学校特别鼓励和提倡的，也符合IB等国际教育中所强调的"课程融合"的理念，与美国《21世纪外语学习标准》（*Standards for Foreign Languages: Learning in the 21st Century*）（2006年修订版）中的五C标准之（学科）"贯连"（connections）标准也是相通的。

2.5 提供具体评价指标，便于教师对学生、学生对自己的表现做出评价

为了适应探究与活动的教学需要，这套教材鼓励教师采用过程化的档案袋方式进行评价，即给每个学生建立一个学习过程的文件夹，里面装有他/她学习这套教材的各种"成果"（包括教师的反馈），作为评价学习的依据，从中也可以看到每个学生的进步过程和变化。教师通过对学生在不同阶段的学习过程和学习结果进行评价，及时发现优点与问题，对学生的学习表现做出反馈并提出改进意见，从而在教学过程中更好地激发学生的兴趣，调动学生的学习主动性，引导他们学习、理解、研究和探索；学生则可以通过自我评价（self-assessment）了解自己的学习状况，成为主导自己学习的主人。

3 单元的体例

《中国研习》每一册有12个单元（即12课），每个单元的体例如下：

（1）学习目标。提出这个单元所要掌握的内容。

（2）热身活动。以回答问题的方式（"说一说"）了解一些与本单元主题相关的背景知识与内容。

（3）阅读课文。每个单元阅读材料的数量与长短不等，根据主题与内容需要而定。

（4）重点词汇。每个单元重点学习几个汉语词语，其选择是根据主题与内容。

（5）实践活动。每个单元的实践活动根据内容的需要设定，既有上面说过的"说一说""想一想""做一做""画一画""写一写"，还有"看一看""听一听""找一找""查一查""认一认"等。

（6）自我评估。采用"我能做"（I can do）的方式让学生自我检查和评价。

因为这是一套中国文化与社会探究教材，并不是纯语言教材，所以我们采用了"中外双语"的模式，可以是"中

英双语",也可以是"中阿双语""中俄双语""中泰双语"等,汉语学习虽占一席之地,比如重点词汇的学习和阅读(可根据学生中文水平选择),但是不多,教师和学生都可以依据需要选择中文或外语作为学习(内容)的工具。这样做既可以满足国际学校基于内容的教学需要,也可以供教授其他课程的教师参考或补充教学,乃至提供合作教学的便利,还可以作为师生的课外活动手册,也便于学生自学。其实,双语对照也是这套教材的特点之一,而且除了英语以外,其他外语都不是由中国人简单翻译的,而是各个语言懂中文的母语者自己翻译的,其可读性和准确性得到了相当的保证。这套教材是开放的,其他语言的"对照"都是由本土懂汉语的人士来"重写"的,这也是我们的一个理念和原则。因为我们坚信,由本土懂汉语的人士来"重写"而不是由中国懂外语的人士来简单"翻译",不仅本土语言是原汁原味的,而且也较易避免由不同社会文化的差异可能带来的误解和误判。①

随着世界各地汉语教学的逐渐开展,汉语学习低龄化的趋势越来越凸显。语言和文化是不可分割的,对中国文化和社会的了解可以为汉语学习提供更广泛的背景知识,包括中国人的物质文化、行为文化和价值观。语言的相互学习、文化的相互理解无疑有助于"国际情怀"的建立,对于构建人类命运共同体也是非常必要的。

希望《中国研习》这套教材能够帮助更多的国际学生通过探究自己去认识中国社会、中国文化和中国人。

参考文献

蔡雅熏,余信贤.IB国际文凭与中文教学综论[M].台北:新学林出版股份有限公司,2019.
吴勇毅.中国研习(中英双语版)[M].上海:华东师范大学出版社,2018.
吴勇毅.汉语作为外语环境下的教材编写:以《汉语入门》为例[C]//第十届国际汉语教学研讨会论文选编辑委员会.第十届国际汉语教学研讨会论文选.沈阳:万卷出版公司,2010.
GOURLEY B. Inquiry:the road less travelled[J]. Knowledge Quest,2008,37.
HILL I,SHUM M S K. Infusing IB philosophy and pedagogy into Chinese language teaching[M]. UK:John Catt Educational Ltd,2015.

吴勇毅,华东师范大学国际汉语文化学院/应用语言研究所,200061
wuyongyi@hanyu.ecnu.edu.cn

(责任编辑 洪炜)

---

① 《中国研习》的阿拉伯语版有两个,另一个即将出版的版本,在由以阿语为母语的团队"重写"后,再由中国阿语专家倒过来复审,以避免阿语母语者可能产生的"重写""偏误"。这种做法,吴勇毅等在编写面向法语母语者的汉语教材时就采用过,而且效果很好,具体可参见吴勇毅(2010)。

职业教育"走出去"背景下的"中文+职业技能"教材探索
——《工业汉语·启航篇》的研发

李 炜

摘 要："中文+职业技能"教材是未来汉语教材研发的一个重要方向。《工业汉语·启航篇》系列教材是在这一方向的尝试和探索。教材以 CBI 为编写理念，采取"工业流程—业务活动—操作用语"一体化结构，基于工业领域特定业务内容进行汉语教学，在具体内容编排设计上也体现了区别于通用汉语教学的特点。

关键词：职业教育"走出去"；"中文+职业技能"；汉语教材

1 研发背景

近年来，随着"一带一路"建设的推进，汉语国际传播不断深入，"汉语+""+汉语"成为汉语教学界热议的话题（吴应辉、刘帅奇，2020）。2019 年国际中文教育大会提出，国际中文教育要聚焦语言主业，积极融入本土，积极推进"中文+职业教育"。与此同时，我国把职业教育作为教育对外开放的重点领域之一，在职业教育国际化、职业教育协同行业企业"走出去"、职业教育主动服务于产业发展等方面做出了一系列部署。由于所在国缺少会讲汉语的人才，"走出去"的企业面临发展瓶颈，迫切需要"精技术、通语言、懂文化"的本土技术技能人才，以适应和满足企业发展需要。

在这样的背景下，教育部批准中国有色金属工业协会依托全国有色金属职业教育教学指导委员会，把中国有色金属矿业集团（境外 58 家企业）作为试点企业，在有色金属行业率先开展职业教育"走出去"试点，探索"职业教育走出去"如何支持企业发展的新模式。试点工作从赞比亚起步，于 2019 年成立了"中国－赞比亚职业技术学院"（以下简称"中赞学院"），专门为企业培养本土员工，除工业生产技术外，汉语是一项重要培训内容。这类员工属于初级汉语普通人才，只需要掌握简单的汉语问候语、与岗位相关的汉语以及在工作中与中国技术人员、技工等进行简单沟通的汉语（邢欣、宫媛，2020）。

国家开放大学深度参与有色金属行业职业教育"走出去"试点工作，其赞比亚海外学习中心承担中赞学院的汉语教学工作，并为此紧急编写了《常用工业汉语100句》（焊接、矿冶、维修）3本简明手册。目前已开展培训10多期，培训学员300多人次。通过培训，外籍员工提升了汉语交流能力，提高了设备正确使用率和生产效率，还因为得到了用人企业的认可，提高了工资收入。除赞比亚之外，伴随中国有色金属集团的业务拓展，这种产教融合的人才培养模式正在向坦桑尼亚、刚果（金）等非洲国家铺开，在汉语教学和教材上提出了更大需求。据此，国家开放大学联合中国有色金属工业协会在国内的试点职业院校研发了《工业汉语》系列教材，于2020年底陆续出版。教材是以听说为主的综合教材，包括"启航篇"和"基础篇"两个级别：前者属于入门阶段，面向零起点或略有汉语基础的学习者；后者用以进一步提升汉语水平。教材也适用于来华留学生的工业汉语学习。首批开发的分册包括焊接技术、机电一体化、矿冶技术、化工单元操作等10余种英文注释本，后续还将根据需求开发更多领域及其他语种注释本。这些特殊领域的汉语教材尚属空白，而"启航篇"因主要面向零起点学习者，在编写上尤具特色，有不少创新之处。

2 研发理念

2.1 "工业汉语"定义

汉语作为第二语言教学大体上可分两类：一是基础汉语教学，二是专用汉语教学。前者面向一般汉语学习者，教通用汉语；后者为特定需求服务，教专门用途汉语。我们所提出的"工业汉语"即针对工业生产流程、生产模式、产品加工制造方法和工业过程管理等领域的一种专门用途汉语，也属于一种职业场域汉语，如采矿、冶炼、焊接、维修等工业生产技术领域使用的汉语。

在专门用途汉语领域，工业汉语还是一个基本没有专门研究的新兴领域。较早的相关论述见于李泉（2011）关于专门用途汉语教学的论述，预测随着全球经济一体化趋势的进一步发展，中国企业大量走出去，对商务汉语、经贸汉语、金融汉语、工程汉语等的需求旺盛，相关教学与培训是一个亟待研究和开发的领域。其中的"工程汉语"的说法接近我们今天提出的"工业汉语"。

2.2 《工业汉语·启航篇》编写理念

基于内容的语言教学（content-based language instruction，CBI）是一种以内容为主体的学科知识本位的二语教学，也有学者称其为基于内容的语言教学法（如 Met，1998；Lyster & Ballinger，2011。转引自惠天罡，2020）。吴勇毅（2020）指出，在CBI理念下，教学活动并不按照语言教学大纲，而是围绕学生所要学习的内容和获取的信息而展开。因为学习者一部分是对学科知识、专业知识乃至职场知识都熟悉，但不会使用汉语理解、表达和互动交流；另一部分是对学科知识、专业知识、职场知识并不熟悉和了解，同时也不懂汉语。

工业汉语的一个突出特点是业务知识与业务用语高度融合，并且业务场景与用语相对封闭,因此"启航篇"在编写理念上与CBI是相通的。但与CBI的"双焦点的教育方法"(dual-focused educational approach)有所不同,作为"中文+职业技能"教材,"启航篇"并非语言与学科内容完全并重、同步学习,其反映的学习过程是以业务知识为依托的汉语学习。最初编写的《常用工业汉语100句》手册尽管只是提取、编排了特定工种、岗位的常用语,但也很好地体现了CBI教学理念。句子实用性极强,学习这些句子也是在学习相关业务知识,因此广受外籍员工欢迎。"启航篇"在编写上继续沿袭了"基于业务知识的汉语教学"这一理念和做法。

3 编写特点

"启航篇"每册主体内容按照相应生产流程或业务板块划分单元,每单元再细分为若干课,全书共10~12课。

每课包含以下栏目:

·句子(特定业务、岗位常用句);
·拓展(通过核心句的词语替换掌握更多句子);
·注释(简明解释重要语法点);
·词语(分类列出本课生词);
·阅读(结合特定业务内容组成阅读文本,巩固本课句子、词语);
·汉字(展示特定业务领域典型汉字,培养汉字感知能力和兴趣)。

教材在内容编写和设计具有如下特点。

3.1 "工业流程—业务活动—操作用语"一体化结构

"启航篇"在整体设计上采取从宏观结构、中观结构到微观结构的三层结构。以"焊接技术"分册为例,宏观结构是焊接技术实际操作流程板块,中观结构是各流程板块包含的具体业务活动,微观结构是每种具体业务活动中焊工操作的常用语句(表1)。三层结构简明清晰,彼此衔接,紧扣工业生产流程,突出体现了工业汉语的实操属性和特征,非常适合中资企业一线外籍员工短期强化学习。

表1 《工业汉语·启航篇》结构示例

工业流程	业务活动	操作用语
焊接安全	焊工安全防护	Zhè shì hànjī. 这 是 焊机。 Zhùyì ānquán! 注意 安全! Qǐng chuān fánghùfú. 请 穿 防护服。 Fángzhǐ húguāng shānghài. 防 止 弧光 伤害。
	焊接安全用电	Dāngxīn chùdiàn! 当心 触电! Búyào jiēchù dài diàn bùjiàn. 不要 接触 带电 部件。 ……
	焊接安全操作规范	Jiǎnchá gōngzuò chǎngdì. 检查 工作 场地。 Zhǔnbèi hǎo mièhuǒqì. 准备 好 灭火器。 ……

3.2 特别设计入门准备板块

学习者没有汉语基础,而学习内容又具有相当难度,因此零起点专门用途汉语教材编写一直是一个难点。"启航篇"所面对的人群对于工业汉语的学习具有更特殊的需求。第一,强化,速成。员工和企业都希望迅速提升工业汉语运用能力,形成"即战力",立即投入实际生产工作。第二,面授时间少。员工在工作之余缺少固定的整段上课时间。简言之，学习者需要即学即用，边学边用。

为尽量缩短学习者初期打语言基础的时间，教材在工业主体内容之前特别设计了入门准备板块。该板块包括"交际用语""课堂用语""汉语语音预备课"三个部分。交际用语列出了日常生活常见礼貌用语（如"你好、谢谢、对不起、再见、请坐"等）以及在工业厂矿园区常用语（如"上班、换班、休息、吃饭、去食堂、打饭"等），满足学习者最基本的生活交际需求。课堂用语提取了语言教学课堂上的师生常用语（如"上课、请打开书、请跟我读、请再说一遍、对不对"等），满足学生最基本的课堂交际需求。汉语语音预备课讲解了汉语语音基础知识，用来培养学习者基本的汉语语音拼读能力。入门准备板块的强化学习能够帮助教师和学生尽快地开展教学，进入教材主体内容的学习。

3.3 业务活动需求主导词汇、语法编排

我们知道，专门用途汉语教学难以参照现有的通用汉语的各类词汇、语法大纲。这一点在工业汉语教材编写中体现得尤为显著。工业汉语的各类具体生产流程所使用的词语包含大量专业术语，如"焊条、弧光、粉尘、母材、绝缘"等，在通用汉语大纲中都属于初级阶段的超纲词，但在某个工业生产领域属于常用词。同时，由于学习者需要经过强化学习，尽快在生产实践中使用，因而通过有限的句子带动专业词汇量的扩展更加重要。因此，基于 CBI 教学理念，

工业汉语教材的编写更应以业务活动的需求为基础，主导语言内容的编排，在教材面貌上也有不同的呈现：

第一，词汇量更大。据统计，通用汉语综合课教材每课生词量，入门阶段一般不超过 10 个，初级阶段不超过 30 个，中级阶段 40～55 个，高级阶段 50～70 个（周小兵、张鹏，2018）。但"启航篇"每课的生词量达到了 40～55 个，与通用汉语的中级阶段基本相当。

第二，语法项目的分布不尽相同。按照《国际汉语教学通用课程大纲》，通用汉语教材中初级阶段的"祈使句"首先学习"表示礼貌请求"（"请+动词"）这一项目，其他"注意"类、"禁止"类祈使句顺序在后。但在"启航篇"中，由于工业生产场景中安全防护是首要要求，安全规范中包含大量指令性用语，决定了相应的常用祈使句中以上三类语法项目都需要首先掌握，如"请穿防护服。""注意安全！""禁止吸烟！"等。同时，由于安全规范一般具有强制性，因此"禁止"类祈使句相比通用汉语教材数量更多，更需要优先学习，如"禁止放置易燃物！""严禁烟火！"等。再如工业场景中的惯用表达"用+工具+V"具有很强的实操性特征，需要在开始阶段掌握，在教材中出现更早。这也与通用汉语教材有较大差异。

3.4 阅读与汉字学习紧扣业务场景

"启航篇"以听说为主，兼顾培养学习者在工业场景中的阅读能力，对汉字书写暂不做要求，但注意培养学习者对汉字形体构造的感知能力和对汉字文

化的兴趣。因此教材在具体设计上紧密贴合工业生产场景，多有创新。

阅读部分除了传统的阅读文本形式之外，教材注意从操作手册中提取文本进行适当改造，并以常见标识、警示标语、工作文件单据等作为阅读文本，突出实用性。标识、标语的选取也非简单呈现，而是尽量进行词语复现，帮助学习者巩固词汇。汉字部分的设计同样注意选取典型汉字进行呈现，提取特定工业场景中的元素、实物与汉字建立关联，帮助学习者感知汉字形体构造，激发学习者对汉字的兴趣（如图1所示）。

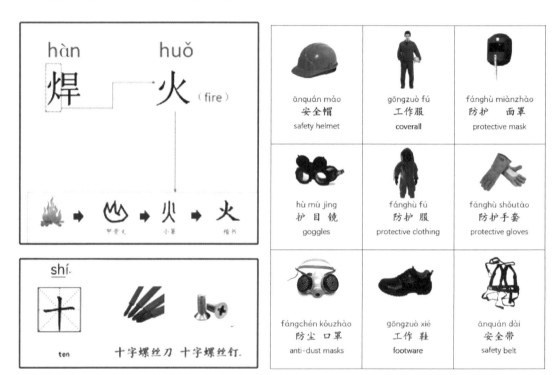

图1 《工业汉语·启航篇》阅读、汉字栏目示例

我们认为，"中文+职业技能"教材不是通用汉语与专业知识的简单相加，应当是以专业知识或职业技能为依托的语言教学，希望《工业汉语·启航篇》的研发能够在这一点上做出有益的探索。

参考文献

惠天罡.基于CBI的美国汉语沉浸式教学的分析与思考［J］.世界汉语教学，2020（4）.

李泉.论专门用途汉语教学［J］.语言文字应用，2011（3）.

吴应辉，刘帅奇.孔子学院发展中的"汉语+"和"+汉语"［J］.国际汉语教学研究，2020（1）.

吴勇毅.职场汉语教学的深入：依托学科知识的汉语教学模式［C］.第二届国际职场汉语教学研讨会，在线，2020.

邢欣,宫媛."一带一路"倡议下的汉语国际化人才培养模式的转型与发展[J].世界汉语教学,2020
（1）.
周小兵,张鹏.汉语二语教材词汇选取考察[J].华文教学与研究,2018（4）.

李炜,国家开放大学国际部（对外汉语教学中心）,100039

liwei8023@126.com

（责任编辑　张念）

English Abstracts

Applications of Eye Movement Boundary Paradigm in Lexical Processing Research

Abstract: The eye movement boundary paradigm was designed by Rayner (1975) to study the effect of parafoveal information on the reading. In recent years, it has been widely used in studies on lexical processing mechanisms in reading, mainly including studies on the general lexical processing mechanism in reading and the processing mechanism of compound words and multi-word units. The present paper reviewed related research in terms of their theoretical basis, experimental evidence, and the research issues involved, and pointed out several matters that should be paid attention to when applying the boundary paradigm in lexical processing research and the future research direction.

Key words: eye movement boundary paradigm; lexical processing mechanism; reading; compound word; multi-word unit

The Influence of Morphological Awareness on the Acquisition of Lexical Meaning of Intermediate CSL Learners

Abstract: Morpheme awareness gradually arouses scholars' attention in the field of second language acquisition in recent years. In this context, the author invited 40 second-and third-year Chinese major students from the University of Minho, Portugal, to participate in a test. After data screening, 38 valid samples remained for data analysis. By means of quantitative and analytical, descriptive and explanatory research methods, the effect of morpheme awareness on the meaning of intermediate CSL learners was analyzed. The results show: (1) CSL learners' morpheme awareness can gradually improve. (2) There is an evident relation between morpheme awareness and the acquisition of word meaning; learners with stronger morpheme awareness have a higher rate of correctness of word meaning than learners with weaker morpheme awareness. (3) The influence of morpheme awareness on the acquisition of word meaning has different manifestations in the vocabulary of different structures. (4) The consciousness of graphic structure of a character can also interfere with the acquisition of word meaning.

Key words: morpheme awareness; acquisition of lexical meaning; CSL learners

Morphology and Differentiation of Synonymous Morphemes: Examples of *wù* 物 and *pǐn* 品

Abstract: The ability to differentiate Chinese synonyms has long been held in high esteem by researchers and teachers, as proper usage of a wide variety of synonyms is considered both one of the language's greatest difficulties and a measure of Chinese language student's proficiency. Research has shown that inadequate vocabulary (including the quantity of synonyms acquired) and excessive misusage of synonyms are learners' biggest problems. There are many traditional methods for differentiating synonyms, but similarities and differences are almost always examined from standpoints such as semantics, grammar, or pragmatics. This paper attempts to propose a new perspective to examine the differences of synonyms, namely, from the perspective of the rules of synonymous morphemes in word formation. Based on the example of two synonymous morphemes, *wù* 物 and *pǐn* 品, and their dissyllabic family of words, we will analyze the number of words composed using these morphemes, the morphemes position in word formation, the nature of their family of words, the internal structures of these word families, the morphological capacity of each meaning, and characteristics of other constituent morphemes. From these different aspects of the two synonymous morphemes, we will show the differences between the serial synonymous words among their word families. Finally, we will briefly discuss how to apply the morphological knowledge to the practice of teaching Chinese as a second/foreign language.

Key words: morphology; synonym; synonymous morphemes; teaching Chinese as a second/foreign language

The Influence of Different Measures of L2 Chinese Proficiency on Research Results: Evidence from the Relationship Between Chinese Proficiency and Meta-Linguistic Awareness

Abstract: Different measures of L2 Chinese proficiency have been used to explore the relationship between Chinese proficiency and dependent variables of interest such as meta-linguistic awareness, yet the influence of these different measures on the research results is still unclear. This study explored this issue by using the data collected from 40 English-speaking CSL learners in the UK. Four measures were used to tap L2 Chinese proficiency: length of Chinese learning, HSK test, reading test and Hanzi recognition test. Phonological awareness and phonetic radical awareness were the dependent variables. The results of multiple regression analysis revealed that the model including HSK score explained the most percentage of the variance in phonological awareness and phonetic radical awareness with large effect sizes, and that HSK score was the strongest predictor in the dependent variables. The overall results indicate that different measures of L2 Chinese proficiency could lead to different research results, and that HSK test is recommended to measure CSL learners' Chinese proficiency.

Key words: language test; placement test; phonological awareness; phonetic radical awareness

Historical Review and Current Analysis of Training of International Chinese Language Teachers

Abstract: From the 1960s to the present, the training of international Chinese language teachers has gone through three historical stages of development: start-up, recovery and vigorous development. During the period, six training types have been developed, including official training organized by Hanban and international Chinese language teachers training organized by universities and social organizations. At the present stage, teacher training faces four key problems, including the mismatch of training needs, a serious shortage of professional trainers, insufficient training models, and a single form of training evaluation. In the future, teacher training needs to pay attention to the training needs of multiple parties and dig deeper into hidden needs; cultivate professional teacher trainers and build a team of specialized trainers; rationally build a training framework and explore multiple training models; improve the training evaluation system and supervise the transformation of training results. Currently affected by the COVID-19, the training of international Chinese language teachers is transitioning to online. The "Internet + education" technology, therefore, should be fully utilized to create a new ecology of online Chinese teaching.

Key words: teacher training; training model; training needs; evaluation

A Study on the Teacher Competence of Chinese Volunteer Teachers in South African Primary and Secondary Schools

Abstract: Taking the Chinese volunteer teachers who teach in South African primary and secondary schools as the research object, the authors investigate the competence of volunteers from various aspects through questionnaires and interviews. The results show that: (1) Before being dispatched, volunteers mainly reserve their competence in "subject knowledge", "professional skills" and "intercultural communicative competence" in pre-service training. (2) After being dispatched, the volunteers consider themselves competent for Chinese teaching in South Africa. The volunteers at the early stage of the term of service are the least confident about "subject knowledge" and the most confident about "personal characteristics"; the volunteers at the middle stage are the least confident about "subject knowledge" and the most confident about "professional attitude"; the volunteers at the late stage are the least confident about "career development" and the most confident about "personal characteristics". "Excellent volunteers" and "ordinary volunteers" have good "professional attitude" and "personal characteristics" when dealing with Chinese teaching. The differences between them are mainly reflected in "professional skills" and "subject knowledge". (3) The teaching schools give a high evaluation to the volunteers, while still point out the shortcomings of volunteers in the two aspects of "professional skills" and "intercultural communicative competence", more specifically, classroom management and acceptance of different cultures. According to the survey results, the authors put forward corresponding suggestions for volunteers and teaching schools.

Key words: South Africa; Chinese volunteer teachers; competence

A Survey of Teachers' Professional Development Needs in Private Chinese Training Institutions in Danang, Vietnam

Abstract: With the rapid development of Chinese teaching in Vietnam, the number of Chinese teachers in private teaching institutions is increasing. A survey was conducted on the professional development of Chinese teachers in six institutes in Danang. It is found that the source of Chinese teachers in private institutions is complex and individual differences are large. Although there is a certain demand for professional development, there is a lack of necessary guidance. In order to improve the professional level of Chinese teachers in private institutions, we need to start with top-level design and promote the professional level of overseas Chinese teachers from the outside to the inside.

Key words: Vietnam; private institutions; Chinese teachers; professional development

A Comparative Study of Online Teachers' Role Cognition Between Novice and Experienced Mandarin Teachers in the COVID-19 Pandemic

Abstract: COVID-19 has swept the world and brought huge changes and impacts to people from all walks of life, including Mandarin teachers. In order to explore different types of teachers' role cognition of online Mandarin teachers, this paper uses the second language teacher role cognition theory as a framework, selects overseas Mandarin teachers as the research objects, and uses a narrative method to compare and analyze the commonality and differences in the perceptions of novice and experienced Mandarin teachers about the teaching, management, social, and technological roles of online Mandarin teachers. Finally, this paper uses the online language teachers' "Skills Pyramid" abilities as the theoretical framework to put forward the perspective that online Mandarin teachers' roles should be dynamic and integrated. As to novice Mandarin teachers, they need to improve their cognition and practice level of online Mandarin teachers' management role and social role.

Key words: COVID-19 pandemic; Mandarin teachers; novice teachers; experienced teachers; role cognition

The Discourse Authenticity Model (DAM) for Second Language Teaching Materials

Abstract: This study introduces the first model to measure the authenticity of second language teaching materials in spoken and written discourses—the Discourse Authenticity Model (DAM). Eight discourse-based criteria were developed: Shape L1, Not-for-L2 Language Teaching, Not-for-L1/L2 Language Teaching, Natural Dialogue, Spontaneous, Non-Fictional, Communicative Meaning, and Specific Context. DAM ranks authenticity in teaching materials into a continuum of five levels: 1) Very Low (rated 0 to 0.5); 2) Low (rated 1 to 2.5); 3) Medium (rated 3 to 4.5); 4) High (rated 5 to 6.5); 5) Very High (rated 7 to 8). The sample materials rated include: Artificial L2 textbook dialogues (rated 0); for-L2-learner scripted plays, role-plays, cartoons, video games, and acting out videos of artificial L2 textbook dialogues (rating range 0-1); for-L2-learner virtual reality (rating range 0-5); for-L2-learner graded readers (rating range 1-2); for-L2-learner interviews with L1 speakers (rating range 2-6); children's graded readers (rated 3); video games (rating range 3-4); virtual reality (rating range 3-8); songs (rated 4); advertisements (rating range 4-5); children's books (not including graded readers or early language books) (rating range 4-6); robot language (rating range 4-7); scripted fictional language such as movies (rated 5); largely spontaneous media language (rating range 5-8); scripted non-fictional language (rated 6); single voice messages on social media and phone (rating range 6-7); social media text posts and phone message exchanges (rating range 6-8); spontaneous and non-fictional media language (rating range 7-8); recorded spontaneous real-life language (rated 8). DAM is expected to be useful for the development, selection, use, and evaluation of teaching materials.

Key words: authentic materials; authenticity; materials development; ranking; Chinese as a second language; language teaching; applied linguistics

Chinese Discourse's Reading Ability and Its Training

Abstract: The main purpose of reading lessons is to help learners learn to read by reading. Reading skills training is an important part of the reading lessons and the focus of the compilation of skills-reading teaching materials. In this study, we compare *Developing Reading Skills* with the Chinese popular *Intermediate Chinese Reading*. On the basis of this comparison, we offer some suggestions on Chinese discourse reading skills training in the hope of promoting reading materials' compiling and the training of Chinese discourse reading in the classroom context.

Keywords: *Developing Reading Skills*; *Intermediate Chinese Reading*; discourse reading ability; skills training

Compilation and Development of *China Study*: The Way to Explore China

Abstract: *China Study* is a set of Chinese social and cultural inquiry textbooks specially designed for foreign primary and secondary school students (K1-12). Adopting a theme-related teaching approach to set up learning units, *China Study* carries out teaching with inquiry-based methods, guided by problems, based on activities, perceived by experiences, and measured by process assessment and self-assessment. Unprecedented in history, this kind of textbook has many innovations in the concept and compilation of textbook development, and its copyright has been purchased by an increasing number of foreign publishers.

Key words: *China Study*; society and culture; ideas and characteristics; textbook development; inquiry-based learning

Exploration on "Chinese + Vocational Skills" Textbooks under the "Going Out" Strategy of Vocational Education—The Development of *Chinese for Industries: Sailing*

Abstract: "Chinese + vocational skills" is an important direction for the development of Chinese textbooks in the future. The "Chinese for Industries: Sailing" series of textbooks are attempts and explorations in this direction. Drawing on Content Based Instruction (CBI), the textbooks are structured in an integrated manner (i. e., industrial process -industrial activity -operational terms) and are designed to teach Chinese based on specific industrial contents in the industrial field. The specific content layout design also reflects the characteristics that are different from general Chinese teaching.

Key words: "Going Out" strategy of vocational education; "Chinese + vocational skills"; Chinese textbooks